山西工运百年印记

社会主义革命和建设时期

山西省总工会　编著

SHANXI GONGYUN BAINIAN YINJI

SHEHUIZHUYI GEMING HE JIANSHE SHIQI

山西出版传媒集团

山西人民出版社

《山西工运百年印记》

编写组

主　　编　王东明

执行主编　辛红炜　岳燕林

成　　员　（以姓氏笔画为序）

马田中　王　晨　田雅静　邢　雁　戎　兵

权　利　任　瑛　米俊茹　李小全　李庆峰

李建军　李彦斌　李震川　吴　艳　宋　航

张　倩　陈春霞　陈秋莲　范泓翊　赵晨萍

姚秋枫　贺芳芳　秦　岭　高志红　郭　倩

郭璟璟　唐志华　崔容阁　解淑芳

序 言

100 年，在人类历史上只是倏忽一瞬，在山西工运史上却留下一部壮丽的史诗。

100 年来，在中国共产党领导下，在山西这块红色热土上，英雄的工人阶级不屈不挠、砥砺前行，唱响了奋斗创造世界、劳动创造伟业的雄壮凯歌，留下了一串串闪光的足迹。

为了铭记这段历史，讲好山西红色工运故事，传承革命精神，赓续红色血脉，建党 100 周年之际，山西省总工会部署开展了"建党百年·山西重大工运事件重要工运人物寻访展示活动"。山西工人报社抽调精干力量组成采访团，足迹遍及全省乃至全国，进行了大量深入细致的抢救性采访、原创性阐释，并在《山西工人报》及其所属新媒体平台陆续刊发。今天，我们将寻访展示活动作品，按照新民主主义革命时期、社会主义革命和建设时期、改革开放和社会主义现代化建设新时期、中国特色社会主义新时代四个时期进行分类，结集为"山西工运百年印记"系列丛书。希望这套丛书的出版能对全省工会干部和广大职工群众学习和研究党史、工运史有所裨益。

从这次寻访展示活动作品中，可以清晰地看到山西工运百年历史上发生的一件件里程碑式的重大事件，深切领略工运先驱和各个时期劳动模范英勇奋斗的时代风采。以这样一个个故事为链条，串起山西工运史的百年脉络，绘出了一幅波澜壮阔的山西工运历史长卷。重温这激荡人心、恢宏壮丽的历史篇章，追寻党的工运先驱领导山西工运事业开拓前进的历史足迹，从中感悟初心、坚定使命，将激励我们团结奋斗，走好新时代的工运赶考之路。

通过寻访展示，我们更加自觉地坚定历史自信、坚守理想信念。为什么我们能够在国家蒙辱、人民蒙难、千难万险的情况下，战胜一切艰难险阻取得最后的胜利？因为我们有马克思主义信仰，有共产主义信念。这是我们工运人始终不渝的理想信念和价值追求。革命战争年代，一批又一批先驱毁家纾难、趋赴革命。高君宇燃烧自己，点燃万千工运星火；王世益不怕牺牲，扛起赤色工会大旗；康永和唤起劳工，筹建总工会，创建工卫旅，始终与工人阶级战斗在一起……无数英雄人物、劳动模范听从理想的召唤，为党和人民奉献了自己的毕生精力。他们用行动告诉我们，理想之光不灭，信念之光不灭，我们就能抵达成功的彼岸。

通过寻访展示，我们更加自觉地发扬斗争精神、增强斗争本领。山西工人阶级在苦难中成长，在斗争中壮大，始终无所畏惧地面对一切困难和挑战，坚定不移地开创革命事业新天地。在中国共产党领导下，晋华纱厂、正太铁路工人为摆脱受奴役的地位，争取其合法权益，组织了震撼三晋的大罢工；大同煤矿工人用血泪写就抗争史，从自发到自觉，从有组织罢工到组建矿工游击队，为华北地区抗战胜利贡献了重要力量；工运先驱何英才靠着坚定的信仰、顽强的斗志，在白色恐怖中，在阳泉人地两疏的环境中，机智地通过提篮叫卖秘密宣传革命思想；李顺达带领西沟人战天斗地创造生态奇迹，把光秃秃的穷西沟变成绿水青山的新西沟……他们用行动告诉我们，是无数革命先烈用斗争和牺牲换来了我们的新中国、新社会、新生活。

通过寻访展示，我们更加自觉地矢志团结奋斗、凝聚奋进力量。力量源于团结，事业成于奋斗。山西的工人阶级依靠团结奋斗不仅捍卫了民族独立和尊严，而且书写了革新和图强的新篇章。"晋西北工人阶级抗日生产的光荣旗帜"张秋风在晋绥边区的兵工战场上埋头苦干、钻研技术，带动影响他人生产了大量的武器弹药，为夺取抗战胜利作出了重要贡献；"当代愚公"李双良用一双手历经 10 年搬走一座盘踞太钢半个世纪的渣山，成为全国冶金战线治理钢渣、保护环境的一面旗帜；太重煤机有限公司液压设备分公司"刘胡兰模范小组"，几代人传承烈士精神，靠着团结奋斗、无私奉献，月月年年超额完成生产任务，一步一个脚印走过艰难、走出困境、走向新时代……他们用行动告诉我们，团结奋斗是创造历史伟业的必由之路，新时代新征程更需要我们踔厉奋发，依靠团结奋斗开创新的伟业。

通过寻访展示，我们更加自觉地勇担历史使命、开创美好未来。历史是最好的教科书。历史的经验弥足珍贵，历史的积淀汇聚成启迪思想、激扬斗志、催人奋进的强大精神力量。山西工人运动100年的非凡历程，工运先驱的家国情怀、信念追求和理想情操，为我们提供了丰厚的精神滋养，树立了巍峨的精神丰碑。我们要传承红色基因，发扬工人阶级光荣传统和优秀品格，巩固工人阶级团结奋斗的共同思想基础，永远听党话、跟党走，在习近平新时代中国特色社会主义思想指引下乘风破浪、阔步前行，在推动高质量发展、实现中国式现代化的新征程中奋勇争先、建功立业。

山西的重大工运事件和重要工运人物，就像一颗颗耀眼的明星，镶嵌在历史的天空，值得我们永远瞻仰、记忆。

谨以本丛书献给中国共产党成立100年来为山西工运事业和工会工作作出贡献的同志们。

《山西工运百年印记》编委会

目录

CONTENTS

书中每篇文章均配有微视频，可扫描上方二维码下载《山西工人报》新闻客户端，点击"专题"，在"山西重大工运事件重要工运人物寻访展示"栏目内观看

SHIJIAN PIAN 事件篇

山西省首届劳模大会隆重召开

米俊茹

铭刻 山西省首届劳模大会于 1950 年 11 月 20 日至 12 月 2 日在省城太原召开。这是山西全省解放、土地改革大体结束、劳动人民翻身、劳动人民受到尊重以来发生的一件大事，是山西省第一次劳动人民的大集会，也是山西省第一次工农业生产的大检阅，更是山西工运史上具有里程碑意义的一次盛会。

"劳动最光荣，劳动人民最光荣，劳动模范尤其光荣"的大会题词，使劳动和劳模从来没有像那一天那么受到尊重。

大会表彰了 781 名劳模个人和集体，经过严格的劳模评选，产生了多名在全国响当当的第一代著名"晋"劳模，成为鼓舞全国广大工农劳动群众的榜样。

大会期间举行了山西省工农业展览大会，22 个展馆，近 1 个月的展期，30 万人次参观。大会的召开在全省掀起开展爱国主义竞赛热潮。为巩固大会成果，1950 年 12 月 27 日，省政府还作出了《关于定期召开劳模大会与举行展览会的决定》。

山西省首届劳模大会召开后的 70 多年来，山西省各级工会在各个时期都选树了一批又一批先进模范人物，他们在各行各业发挥典型示范作用，以实际行动树起了一座永远不倒的丰碑。

在山西省总工会资料室，小心翼翼翻阅 1950 年的《山西日报》

合订本，斑驳发黄的纸张，竖排的繁体文字，模糊的黑白照片，默默还原着山西省首届劳模大会召开的盛况。在山西省档案馆，打开《山西省人民政府关于工农业劳模大会及展览会的通知、总结报告》等卷宗，油墨打印的文件、手写的报告散发着历史沉淀的气息。

71年前，并州太原，人民大礼堂，红旗飘飘，贺匾生辉。1950年11月20日，在劳模无上光荣的气氛中，全省首届劳模大会及工农业展览大会盛大开幕！大会共召开13天，于1950年12月2日闭幕。

《山西日报》以红字报头整版报道了大会盛况。

这是山西全省解放、土地改革大体结束、劳动人民翻身、劳动人民受到尊重以来发生的一件大事！

会上，时任中共山西省委书记发表的开幕词鼓舞人心：在过去的战争时期，生产的任务是为了克服困难、支援战争，全省和太原解放后，则是为山西的工业化而奋斗。一年来，全省工业生产已超日军和阎锡山时期的生产水平，农业生产上老区已恢复至战前水平，新区也达到了战前水平的85%。这些成绩归功于全体劳模，通过他们使毛泽东同志的领导与广大劳动人民结合起来，所以在人民胜利的地方，都涌现了劳模。他指出取得成绩的原因在于劳动人民第一次成为国家的主人，生产发展与劳动者的生活改善紧紧结合在一起，劳动者的智慧、力量、创造性和积极性得到了发挥的机会。他号召全体劳模，要很好地总结过去创造的经验，以虚心的态度互相学习。经过劳模把人民的智慧集中起来，为发展生产、繁荣经济，建设新山西、新中国的伟大事业而奋斗。

会上，劳模代表的讲话表达了他们发自肺腑对党、对毛泽东同志的热爱。他们一致说成绩和荣誉都是在毛主席、共产党和人民政府的领导下，经过人民解放军流血牺牲和全体人民努力得来的。他们保证要开好大会，好好交流经验，虚心学习，响应毛主席的号召。

劳动和劳模从来没有像那一天那么受到尊重！

"劳动最光荣，劳动人民最光荣，劳动模范尤其光荣。劳动模范之所以光荣，是因为他们可以而且正在带领广大劳动人民跟着毛主席前进。"赖若愚这样为大会题词。

"劳动创造世界，劳动是人类一切智慧与创造的源泉。劳动人民蕴藏着建设强大经济与巩固国防的无限力量。新中国赖你们而繁荣昌盛。你们最光荣。"山西省人民政府代主席裴丽生也为大会题词。

他们表达了共产党人的唯物主义史观：人民群众是实践的主体，是历史的创造者，要尊重并发挥人民群众的首创精神，要全心全意依靠工人阶级。

典礼中，全体劳模代表接受了学生的献舞和省人民政府文教厅文艺工作团的献歌。大会期间，组织者派专车迎接劳模；在车站撒彩纸、献鲜花，鼓乐喧天举行隆重的欢迎大会；组织沿街沿巷的广大群众夹道欢迎，首长们徒步领道，将劳模迎接到住地；省、市总工会还在工人影剧院连续举办晚会，招待来并参观的农民兄弟，密切工农关系……这些尊重劳模的实际行动，使劳模们体验到了劳动人民地位的切实提高。劳模孙殿臣说："这样人山人海地欢迎我们，真想不到受苦人会有这样出头的日子！"劳模田秉林说，活了一辈子，还不知道受苦人能这样活几天……

大会表彰了781名劳模个人和集体，其中工业劳模231人、农业劳模298人、工业集体奖55个、农业集体奖197个。经过严格的劳模评选，产生了多名第一代著名劳模，有带领西沟村农民成立合作社、实行男女同工同酬和合理的"六定一奖"计酬办法的全国劳模李顺达，也有凭"王贵英快速炼钢法"3次创造平炉炼钢日产量全国新纪录的全国劳模王贵英。

在山西省档案馆的相关卷宗中，存有工业一等劳模韩忠仁的事迹。在 13 页的手写材料里，有其简历和在抗战中的优异表现、3 份关于生产的统计表、改进 6 项工具的创新列举、带领小组开展攻关活动等，内容翔实，突出的事迹说明劳模评选工作的严谨和严格。

1950 年 12 月 2 日，大会闭幕，裴丽生作生产报告，赖若愚作大会总结。会议肯定了工业上劳力组织与技术相结合的方向、在农业方面组织起来与提高技术相结合的方向。会议号召全体劳动模范为发展生产繁荣经济、建设新山西而奋斗。

山西省总工会关于山西省第一届工农业劳模大会的总结表明大会主要取得的收获有以下几点：找出了工农业生产上的具体方向，在各行各业广泛树立了生产旗帜；充分交流了经验，对每名劳模是一个很大的启发和提高；对劳模进行了充分的表扬和鼓励，提高了劳动人民的地位，让人们意识到劳动无上光荣；加强了工农兵的团结。

在山西省档案馆的相关卷宗里，省军区 1950 年 12 月 17 日《关于山西省工农业展览大会总结报告》显示，展览会工作人员 1640 人，工展部 9 个馆与农展部 10 个馆及 3 个独馆，共 22 个馆，与劳模大会同时揭幕。开馆后，每日观众有 8000 人左右，各界人士和省内外参观者代表表示满意和赞扬，延展半个月，至 1951 年闭幕。据不完全统计，参观者达 30 万人次。通过展览，检阅了全省一年来生产战线的成绩，达到了对科学技术宣传和生产经验交流的目的。在展览中看到的山西物产之丰富，也激发了群众热爱山西、热爱祖国的情怀。

山西首届劳模大会召开后，全省掀起了开展爱国主义竞赛热潮。据《山西日报》报道，会后，运城劳模向临汾劳模挑战，工业劳模纷纷制定计划，一等劳模李顺达、郭玉恩、杨峰山向全省农业劳模提出挑战……

据山西省档案馆的相关卷宗记载，韩忠仁所在的华北兵工局第一兵工厂一分厂雷管组写下挑战书："铁工同志快来看，我组要和你挑战；为了创造新纪录，积极推广大生产；希望你们来讨论，赶快准备来应战；经过我组来提出，竞赛条件在下面……"别的小组迎接挑战，写下如下应战书："雷管小组看分明，挑战条件已讨论；四项条件都同意，还要加上两条整……"

为巩固首届全省劳模大会成果，继续培养大批生产积极分子，组织爱国主义生产竞赛，开展大规模的生产运动，1950年12月27日，省政府还作出了《关于定期召开劳模大会与举行展览会的决定》，规定今后省劳模大会每两年举行一次；省劳模大会召开次年，以专区为单位，召开各专区劳模大会；太原市及各工矿区每年召开两次（五一节和国庆节前），如有困难，可召开一次；各地必须十分重视劳模的培养教育工作，对此次出席全国全省及各地劳模大会之劳动模范，更应特别注意帮助，使之继续不断提高，真正成为带领工人、农民及部队生产前进的旗帜，发挥他们的带领、骨干、桥梁作用；各地应配合劳模大会举办工农业技术展览会或工农业生产成绩比赛会等。

为劳模摇旗呐喊、树碑立传。山西省首届劳模大会及工农业展览大会的胜利召开，是山西工运史上具有里程碑意义的一次大会。自此，山西工会在不同的历史阶段，以创新为灵魂，以提高劳动者素质为根本任务，大搞劳动竞赛、合理化建议等群众性经济技术工作，不断探索劳动竞赛新模式，评选出李顺达、申纪兰、李双良、傅昌旺、郭凤莲等一批在全国叫得响的著名劳模，在中国工运史上留下了很深的山西印记。

思考

作为一名曾经从事经济技术工作的工会干部，在20世纪八九十年代参与过两次山西省的劳模选树工作，此后作为工会行业报纸的新闻工作者，多次参与报道山西的五一表彰活动。对照70多年前的那次盛会，直观的感受是在那个人民刚刚翻身得解放的年代，省政府领导人对劳动、劳模尊重的表达格外真切，劳模们对党、对社会主义的爱发自肺腑，工会选树工作严格细致且更贴近实际，媒体空前的密集报道体现了全社会对活动的重视。更深层次的思考是，20世纪五六十年代，劳模表彰活动开展得最热烈、成效最突出，劳动模范总是受到礼遇。毛泽东同志曾在国庆大典的庄严时刻，邀请劳模一同登上观礼台；他多次宴请劳模，把他们奉为座上宾。党的十八大以来，以习近平同志为核心的党中央始终关心劳模和劳模工作，礼赞劳动创造，讴歌劳模精神、劳动精神、工匠精神。新时代新征程，我们对照70多年前的山西省首届劳模大会那份初心，要牢记大力弘扬劳模精神、劳动精神、工匠精神这个使命，不断提升职工群众的政治社会地位，增强他们的获得感、幸福感，汇聚亿万职工群众团结奋斗的磅礴力量。

本文刊于2021年5月26日《山西工人报》

山西工人报

SHANXI GONGREN BAO

山西省总工会主管主办
山西工人报社出版

新闻责任
工会声音
职工精神
维权担当

山西工人网 http://www.sxgrw.com
E-mail:sxgrb@163.com
【今日四版】

国内统一刊号 CN14-0003　邮发代号 21-10　2021年5月 **26** 日 星期三 农历辛丑年四月十五 总第 10221 期

前4个月全国财政收入两年平均增长 3.6%

据新华社北京电（记者申铖）财政部近日发布的数据显示，今年前4个月，全国一般公共预算收入78008亿元，同比增长25.5%，两年平均增长5.6%。

数据显示，今年前4个月，一般公共预算收入36657亿元，同比增长28.5%；地方一般公共预算本级收入41351亿元，同比增长23%。分税收和非税收入看，全国税收收入67450亿元，同比增长27.1%，非税收入10558亿元，同比增长16.6%。

财政部相关负责人表示，一季度全国和财政收入增幅相对较高的主要原因是经济持续稳定恢复、去年同期基数较低等因素叠加影响。

随着相关支出政策的落实，今年前4个月全国一般公共预算支出73810亿元，同比增长3.8%，各级政府严格落实过"紧日子"要求，全国财政用于"保"等重点支出增长较快，社会保障和就业、卫生健康支出分别同比增长12.4%、6.3%、3.8%。

奋斗百年路　启航新征程

建党百年·山西重大工运事件重要工运人物寻访展示

71年前，山西省首届劳模大会隆重召开

本报首席记者 宋俊彪

（正文内容，多栏小字）

（下转第2版）

全省工会经济技术工作培训班开班

高凤林为学员授课

本报5月25日讯 今天上午，全省工会经济技术工作培训班开班。

晋城市总开展"工会进万家"调研走访慰问活动

本报讯（晋城记者张富刚 通讯员武璐）5月21日，晋城市总工会赴城区开展工会进万家走访慰问活动。

大同市首届"工匠杯"职工职业技能竞赛

——公共交通系统职工职业技能竞赛落幕

侯鹏飞：给警务战斗力插上"信息"的翅膀

（上接第1版）

在海量数据环境下，科技民警需对繁杂的数据不间断地分析、梳理。

（各栏正文小字内容）

勇做祖国坚强的后盾
——全省职工广泛开展抗美援朝运动

李震川

铭刻 1950 年，新中国刚刚从饱受战火蹂躏的土地上挺直腰杆站起来。当全国各族人民团结在党中央周围为恢复国民经济甩开膀子加紧奋斗的时候，一场由美帝国主义挑起的战火在我们的邻国朝鲜燃烧起来，并很快蔓延至鸭绿江边，其野心昭然若揭。

1950 年 6 月 28 日，毛泽东主席发表讲话号召："全国和全世界的人民团结起来，进行充分的准备，打败美帝国主义的任何挑衅。"7 月 10 日，中国人民反对美国侵略台湾朝鲜运动委员会在北京成立，并于 7 月 14 日发出《关于举行"反对美国侵略台湾朝鲜运动周"的通知》，轰轰烈烈的抗美援朝运动由此拉开帷幕。

山西职工，一个有着优良革命传统的光荣集体，在抗美援朝运动中，组织游行声援前线、捐款捐物支援前线、大干快上支持前线、参军报国奔赴前线……在爱国主义旗帜下凝聚力量，铸就了抗美援朝、保家卫国的坚强后盾、铁壁铜墙。

"一切反动派都是纸老虎"

尽管已经过去了 70 余年，但历史依然铭刻着山西职工在抗美援朝运动中伟岸的身影。伴随着山西工运史馆陈列的一张张发黄的老照片，记者从这里出发，掀起历史的一角面纱，努力追寻那段山西工人、山西工会走过的激动人心的历程。

这是一场看似实力差距悬殊的战争：我军刚刚从抗日战争和解放战争的硝烟中走出，手里握着杂乱落后的万国造枪械，重武器严重缺乏，空中力量几近于零；反观以美军为首的"联合国军"，陆海空部队机械化程度极高，飞机大炮、最先进的单兵装备一应俱全，可谓武装到牙齿。我们的优势在于那些看不到的力量——保家卫国的决心、强大的凝聚力，以及亿万工人阶级构筑的坚强后盾。

《建党以来山西工运事业发展历程与经验启示研究》记录了抗美援朝战争爆发以来，山西省职工在工会组织的领导下开展各种活动，通过各种形式支援前线的历程。

1950年7月23日，在山西省总工会和太原市总工会的组织领导下，省城太原召开了5万余人参加的群众大会。"一切反动派都是纸老虎"，无须"恐美"，更不可"崇美"。会上，工会组织向职工们进行了"三视"美帝国主义教育，即蔑视、鄙视、仇视美帝的爱国主义教育。会议号召全省职工以实际行动参加爱国主义劳动竞赛，支援抗美援朝斗争。

1951年6月10日，山西省总工会发布《关于响应并执行中国人民抗美援朝总会号召与全总决定及中共山西省委号召的通知》，号召全省职工群众热烈响应中国人民抗美援朝总会关于推行爱国公约的号召，响应关于捐献飞机大炮的号召，订立爱国公约，开展爱国劳动竞赛。

中共山西省委于11月在全省范围内颁发了关于开展抗美援朝时事宣传运动的指示，省总工会积极响应省委的指示，号召各基层工会举行多种多样的活动，如时事讲座、报告会、讲座会、控诉会、游行示威等，进行宣传教育。据不完全统计，1951年劳动节期间，全省有 13600 多名职工举行了游行，151729 人参加了和平签名，156710 人做了反对美帝武装日本的投票表决。

彼时，山西刚解放不久，百废待兴，但全省职工在生活并不宽裕的情况下依然踊跃捐钱捐物，仅 1951 年下半年就捐献了 122.5 万元。阳泉捐献飞机 3 架，太原铁路局捐献飞机 2 架，太钢工人捐献"太钢号"飞机 1 架。其间，更有大批工人报名要求参加志愿军，赴朝参战。

时危见臣节，世乱识忠良。国难当头，山西职工和山西省工会以一颗赤子之心投身抗美援朝运动，以实际行动排除万难，支援前线，汇聚起不可阻挡的爱国洪流。

勇立潮头的山西企业

中华全国总工会于 1950 年 11 月 6 日发表宣言，号召全国工人阶级开展抗美援朝、保家卫国运动。大同矿务局很快成立抗美援朝委员会，具体领导全局的抗美援朝运动。该局各级工会和广大职工热烈响应全总号召，一场声势浩大的抗美援朝爱国运动在这个中国最大的煤矿企业拉开帷幕。

《山西工运》记录着山西省职工在抗美援朝运动中创造的辉煌历史

戎 兵 李建军 赵晨萍/摄

据《大同煤矿工人运动史》记载，从 1950 年 11 月开始，为了在职工及家属中广泛开展时事政策学习宣传工作，大同矿务局成立了宣传队，群众积极踊跃报名参加。在这支近千人的宣传队伍里，有党员、团员，也有群众中的积极分子。其中，560 人组成的 19 个秧歌队、138 人组成的 5 个腰鼓队、36 人组成的两个高跷队、8 个人的狮子舞组、3 个人的大鼓组构成了宣传队最重要的力量。宣传队利用节假日，广泛深入地开展抗美援朝宣传活动，使全企业的 22 万余名职工、家属等受到了抗美援朝的宣传教育。

回忆起当时的情形，同煤关工委原秘书长、同煤工人报社原编辑王生宝激动地说："为响应中国人民抗美援朝总会的号召，1951 年 4 月，大同矿务局开展了捐献飞机大炮运动。截至 11 月，该局完成捐献款约 9 亿余元（旧币），超出计划的 116%。12 月，大同煤矿抗美援朝委员会号召全局青年职工在完全自愿的基础上报名参军，到 12 月底共有 60 名优秀青年矿工经审查合格参加了中国人民志愿军。"

1952 年 4 月，中国人民志愿军归国代表、朝鲜人民军访华代表和我国赴朝慰问团的代表们来大同煤矿作报告。职工们听了报告后，群情激奋，提出"把工厂当战场，把机器变武器，消灭一个差错，等于消灭一个美国兵，等于支援志愿军"的豪迈口号。随后，该局各矿厂纷纷开展爱国主义生产竞赛运动。各矿厂订立爱国增产计划，各班组订立班组爱国公约，职工订立个人执行爱国公约的具体计划。

爱国主义生产竞赛运动的开展，使全局涌现出一大批先进模范人物，创造出数项生产上的全国纪录。6 月，同家梁矿的马六孩、连万禄掘进组首创双孔道循环作业法，掘进工效比原来的单孔掘进提高 4 倍至 6 倍，并创下煤巷月进 318.71 米的全国纪录。8 月 1 日，永定庄矿的刘五宗掘进组共 12 人，分三班生产，在 3 米宽、2 米高的巷道内用电钻打眼，创造掘进 23 米的全国纪录……大同矿务局的职工用汗水写下了一页页战天斗地的诗篇。

据《建党以来山西工运事业发展历程与经验启示研究》记载，阳泉矿务局职工在党委领导下，于 1950 年 12 月组成阳泉矿务局抗美援朝运动分会，统一领导和推动全局职工的爱国运动，使运动走向一个新的阶段，除了派出 60 名优秀青年职工参加铁道兵团外，还在职工及家属中大规模地开展了捐献飞机大炮的运动，1951 年 6 月至 12 月底，共捐献 16 亿元（旧币）。修理厂劳动模范郭宏带头捐献，该厂职工仅十几分钟就捐了 300 万余元（旧币）。四矿职工家属，61 岁的尹大娘，把自己织小布赚的两万元（旧币）全部捐了出来，感动了在场的所有人。

在工运史馆里收藏的一张发黄的旧报纸上，刊登着太原钢铁厂捐献"太钢号"战斗机的辉煌事迹。沿着这条线索，记者走访了宝武钢铁集团太原钢铁有限公司（原太原钢铁厂），对这段历史进行了探寻。

1951 年 6 月 12 日，太原钢铁厂党、政、工、团等组织召集包括劳模、工程师、报告员、宣传员和家属委员会代表在内的 320 余人召开联合扩大会议，制定了为志愿军捐献一架"太钢号"战斗机的计划。为实现捐献计

工运史馆收藏的一张旧报纸上刊登着太原钢铁厂捐献战斗机的事迹

戎　兵　李建军　赵晨萍/摄

划，扩大会议拟订了具体的捐献办法，即"工人应以开展马恒昌式生产小组竞赛，非直接生产人员从事业余生产，工程师技术人员可开展合理化建议和技术改造，普遍以义务加工和家属搞副业生产节

约等方式"提高生产效率、增加产量，完成捐赠"太钢号"战斗机的任务。

整个太原钢铁厂都行动起来：动力部职工决定在工余时间参加由部门工会委员会领导的捡废旧钢铁、挖土方、割青草等义务劳动，并保证要捐出人民币 1 亿元（旧币）以上；外线组决定进行义务加班劳动；轧钢部苏福林小组以提高生产效率来实现增产捐献的目标。为完成增产捐献任务，不同部门、小组乃至职工个人之间都进行了竞赛。

截至 1951 年 11 月，炼焦部的模范小组焦崇山小组通过制定计划、技术改进和内部竞赛等方法，提前完成了该部门的捐献任务。焦崇山还向全市劳模发起挑战，提出发起"增产节约竞赛"的号召，将增产节约运动推向高潮。在增产捐献竞赛的浪潮中，太钢职工不断创造生产纪录，仅 8 月全厂就产生了 58 个新纪录。生产竞赛大大加快了捐献运动的进程。

1951 年 11 月底，太钢超额缴清捐赠"太钢号"飞机的款项。在这场运动中，全厂干部、工人及其家属全力以赴，用实际行动践行了爱国主义精神。

跨过鸭绿江

正面战场上，志愿军将士穿插迂回、坚守阵地，用血肉铸就新的长城；在后方，干部、工人、农民、学生……不同身份的人们想尽办法、尽最大努力支援前线，抗美援朝运动在多个层次全面展开。当时，全国有很多非战斗人员同志愿军战士一道，雄赳赳、气昂昂，跨过鸭绿江，投身朝鲜战场。他们中有运输人员、卫生人员等。在山西省，先后有 1424 名铁路职工以及一批汽车职工、医务人员赴朝。

据有关资料记载，当年太原铁路管理局发出赴朝参战的号召后，工人们群情振奋，纷纷踊跃报名，自愿申请赴朝参加抗美援朝战争。他们中还有父母为儿子报名、妻子为丈夫报名的，甚至有工人咬破手指用血写下决心书，坚决要求赴朝参战。1951 年，山西铁路系统先后组织 460 名铁路工人赴朝参战，1952 年又组织 964 名铁路工人赴朝参战。

《抗美援朝中的山西铁路工人》一文里有一个应该被历史铭记的名字——苏鸾馨。这是一名刚刚参加工作的 17 岁的女孩，在太原铁路医院做护士工作。1951 年 7 月的一天，太原铁路管理局召开抗美援朝赴朝参战动员大会，号召大家响应祖国号召，积极报名。会后，苏鸾馨瞒着家人向领导递交了报名申请。当时太原铁路管理局的工人报名参加抗美援朝的多达上千人。局领导得知只有她一个女孩子时，便动员她把申请收回去，并对苏鸾馨说："你的精神很好，可是在赴朝的上百人中只有你一个女同志，生活多有不便，还是不要去了。"可苏鸾馨坚决不肯收回申请，再三要求前往朝鲜前线，去战场上救治倒在血泊中的志愿军战士。最终，领导被她的执着感动，批准了她的申请，将其编入志愿军战地医疗队。

在整个抗美援朝战争期间，山西省职工踊跃报名参军参战。1950 年，大同市有 15 个生产单位的 574 人报名参加志愿军，其中大同矿务局 61 名矿工应征入伍，加入中国人民志愿军。大同铁路局还先后组织 340 名优秀职工奔赴抗美援朝前线，担任战地运输任务。大同站王文山、口泉站梁宝桐、电务段王德福等同志冒着生命危险为保障铁路运输作出了贡献。检车段段瑞祥，工务段任忠、乔义泉，列车段王浩献出了宝贵的生命，血染他乡。

思考

　　抗美援朝战争已经结束快70年了，在这场由刚刚站立起来的中华人民共和国与强大的美国互为对手，涉及军事、政治、经济、外交各方面的全方位较量中，我们打破了美国不可战胜的神话。这样的奇迹，可能令很多美国政客打破脑袋都无法想清楚原因。在朝鲜的冰天雪地里，不但有我们的志愿军战士在战斗；在祖国的大后方，更有着许许多多来自全国各地的职工在提供支援。在祖国960万平方公里的土地上，各行各业的人们拧成一股绳，汇聚成一股不可战胜的力量。这就是人民战争战无不胜的法宝。

　　进入新时代，工人阶级依然是我国的领导阶级，是先进生产力和生产关系的代表，是我们党、我们国家最坚实最可靠的阶级基础。再次回眸抗美援朝运动中山西职工、全国职工披荆斩棘的奋斗进程，不忘初心、牢记使命、勇往直前、奋发有为，我们一定会创造出属于新时代的辉煌。

　　　　　　　　　　本文刊于 2022 年 9 月 16 日《山西工人报》

山西工人报
SHANXI GONGREN BAO

新闻责任
工会声音
职工精神
维权担当

山西省总工会主管主办
山西工人报社出版

山西工人网 http://www.sxgrw.com
E-mail:sxgrwb@163.com

国内统一连续出版物号 CN14-0003 代号 21-10 2022年9月 **16** 日 星期五 农历壬寅年八月廿一 总第10663期 [今日四版]

截至8月底全国新开工水利项目1.9万个

本报讯（据新华社北京电（记者黄垚 刘伟平）水利部副部长刘伟平8月表示，截至8月底，全国新开工水利项目1.9万个，较7万项增加3412个，在建水利工程投资规模超过1.9万亿元，重大水利工程开工31项。

刘伟平当天水利部当天举行的水利基础设施建设成果和发展新闻发布会上说，8月，积极配套扩大有效投资，广大各地加快工程建设开工项目建设，截至8月底，共落实水利建设投资9776亿元，较去年同期增加3296亿元，同比增长50.9%。

据介绍，建设进度方面，一批重大水利工程实现重要节点目标。安徽引江济淮主体工程完成投资，安徽环巢湖流域治理工程主体完工97.5%，平均有望全部完工，年内有望全部完工。同时，一批重大防洪项目、供水项目和重要农业灌溉项目加快推进，共落实农村供水工程建设投资6800多万，建成农村供水工程8173处、改造大中型灌区305座。

省财贸轻纺烟草工会召开四届一次全委会议

本报讯（记者黄岭）今天上午，省财贸轻纺烟草工会召开四届一次全委会议，全面总结了该工会第三届委员会以来工作，明确了下一阶段的工作目标和任务，通过了第一届委员会主席、副主席、常委，省总工会一级正职巡特别职位巡视推动高质量发展巡立会，贯彻力新一届委员会主席……

晋中市召开全市产业工人队伍建设改革专项调度会

本报讯（首席记者宋俊茹）9月13日，晋中市召开全市产业工人队伍建设改革专项调度会，深入贯彻关于工作会议精神，总结分析工作情况，对全市产改工作进行再部署再推进……

山西制造的第一台"抗美援朝号"拖拉机

山西重大工运事件重要工运人物寻访展示

勇做祖国坚强的后盾

——全省职工广泛开展抗美援朝运动

本报记者 李震川

铭制

1950年，新中国刚刚以绝少家火燎圆的土地上庄复建种的战。在全国各族人民团结奋斗中央用爱的恢复国民经济无呼渴于加紧参斗时候，一场由美帝国主义挑起的战火在我们的祖国邻邦熊熊燃起。并张烧着凄美地触动山口，其邻口骨骼。

1950年6月28日，毛泽东主席发出严正声明："全国和全世界的人民团结起来，各种的准备，打败美帝国主义的任何挑衅。"7月10日，中国人民保卫世界和平反对美国侵略者委员会正式成立，并于7月14日发出《关于举行"反对美国侵略台湾朝鲜运动周"的通知》，轰轰烈烈的抗美援朝运动由此拉开了帷幕。

山西职工，一个肩着包着祖国坚强的后盾的大人民，在抗美援朝运动中，组织游行集援前线，捐款捐物支援前线，大干快上支援战场，用多机军事兵高潮场……燃起后盾，保家卫国"的铮铮誓言，抒写了"抗美援朝、保家卫国"的壮丽篇章，抒写辉煌……

"一切反动派都是纸老虎"

尽管已经过去了70余年，但再也忘不却铭刻得这段历史，在那段无比峥嵘的岁月里，山西工人在这段……

勇建潮的山西企业

1951年6月10日，山西省工会……

山西这十年·系列主题新闻发布

省住建厅有关负责人介绍党的十八大以来
全省住房城乡建设系统的进展和成就

全省住建事业在六方面
取得历史性成就

本报讯9月15日（首席记者陈秋蜜 实习记者宋姝妤）今天上午，省委宣传部举行"山西这十年"系列主题新闻发布会省住建厅专场新闻发布会，省住建厅有关负责人介绍党的十八大以来全省住房城乡建设系统取得的进展和成就，并回答记者提问。

十年来，努力建设……

9月14日，职工篮球比赛中激烈角逐。

在全国建设职工运动会"黄河建设杯"职工篮球赛结束育场开赛，此次比赛为第5天，采用工人制篮球模制，共有来自省属及基层社级单位的22个代表队的100名职工参赛。

本报首席记者 成兵 摄

山西工人报新闻客户端 | 山西工人报"喜讯"微信公众号 | 山西工人报"说税"公众号 | 山西工人报"工会+"公众号 | 山西工人报"职工之家"公众号 | 山西工人报"职工维权服务"公众号 | 山西工人报抖音视频号 | 山西工人报视频号

山西重大工运事件重要工运人物 寻访展示

工运史馆收藏的一些旧报纸上刊登着大革命时期被封杀的消息事迹

勇做祖国坚强的后盾

——全省职工广泛开展抗美援朝运动

6月至12月底，共捐献了16亿元（旧币），修理厂矿嗨蛋茄宏宰头捐献，该厂工会十九分钟捐献了300万余元（旧币），四好军工第，61万的产大糖，把自已纪小布糖的两万元（旧币）全部捐了出来，捐赠工会的到场的所有人。

在工友史馆罗收藏的一张发黄的旧版报上，刊登着太原钢铁厂捐献"太钢号"战斗机的捐献建议。站着谈荣恬念，记者走访了宝武钢铁集团太原钢铁有限公司（原太原钢铁厂），对这段历史进行了解。

(上接第1页)爱国主义生产竞赛运动的开展，使全省涌现出一大批先进模范人物，创造出整理生产，组织了全国纪录。6月，国家嘉奖的乌大伟，连万积豁组新冠以双孔谱编环作业站，豁通工效化原来的单孔豁进搞高4~6倍，并创下每年118万的的新纪录。9月11日，火定庄矿工的豁在京据述出21人，小三班生产，在3天完二再本品的通用电机台胜，创造圆圈23万的的全国纪录。（遵党以来山西工发事业及其历程与经纪的研究）记载，阳泉矿务局职工党史领导下，于1950年12月组成"阳泉矿务局组内金分会，（第一届委员主任金为会议和领导规作分会。）开展了双孔作业站，普通以义当加工等进行了竞赛。

1951年6月12日，太原铁工厂党、政、工、团动组织召集电生产模、工程师、报告员、宣传员和累属委员会代表去的了的320余人日开展作业"大会站。铜打了为志恩邪磷轰一架力大"铜号"铜身机的计划。为实现捐献计划，扩大全能工艺为完成并展合志了我体的捐献为法，即"工人起以开展马恩战的作用生产小组竞赛、在麓生产人员摩擦丰和技术改进，普通以义多加工等进行了竞赛。

截至1951年11月，炼焦邪矿金建模"太钢号"飞机的数据，工会的干事、工人及其累属全力以赴，用实际行动执行了爱国主义精神。

术改进和积极暮事等办法，提前完成了该部门的捐献任务。焦电山迁向全市职工发起提就，提主发起"太钢"号"战斗机的任务。

整个太原钢铁厂都行动起来，动力部职工决定在工会时邦参加卓部门工会委员会领导的捐废旧钢铁、杜土方、割青聿务义务劳动，并促证舍捐出人民币1亿元（旧币）以上，外统组该捐进行义务加劳劳动，炱捐献保福补小组以据高生产实效本来实现增产捐献的目标，为完成增产捐献任务，不同部门，小组万至职工工人之间都进行了竞赛。

1951年11月，太钢部职盾建模赠"太钢号"飞机的号召。工会的干事、工人及其累属全力以赴，用实际行动执行了爱国主义精神。

·观点·

期待更多"工会一条街"式的创新扩大工会影响

郭振纲

让更多"小巨人"企业迸发创新能量

席梅

完善直播带岗，从解公众心忧着手

丰收

让劳动教育有料有趣有意义

韩雅超

省总干校：迎时代浪潮重生 为工运事业夯基

李彦斌

铭刻 作为山西省总工会领导下培育工会干部、研究工运理论、传播工匠精神的基地，山西省总工会干部学校走过了71年的风雨历程。

从1951年5月学校的前身——山西省职工干部学校成立，坚持干部与职工并重，培养了一批又一批时代急需的人才；到党的十一届三中全会后的艰难复校，始终坚持自觉接受党的领导，学校各项事业进入蓬勃发展时期；再到2022年5月，全国第一个由省委编办正式批复成立的省级工匠学院——山西工匠学院在省总工会干部学校加挂牌子，学校正以一个全新的面貌走向未来……

71年来，省总工会干部学校在提高全省工会干部素质、推进党的工运事业和工会工作发展、服务山西经济社会建设中取得了丰硕成果。一代代干校人始终不忘初心、砥砺奋进，为山西工运事业的发展奉献自己的青春和汗水，用奋斗谱写了一曲曲工运历史发展的绚丽乐章。

盛夏，太原赛马场社区，街道上车水马龙、人声鼎沸。

不算大的校园内，几株大树遮出片片清凉。8月的一天，省总工会干部学校80多岁高龄的退休干部黄文新、雷固生、樊淑爱等再回校园，再忆省总干校"迎时代浪潮重生，为工运事业夯基"的71年奋斗历程。

初创与再出发

"日军侵占太原后，在此养军马。为了锻炼新兵，曾两次制造惨无人道的集体屠杀，340 名被俘人员遇害。"

"我们的前辈拓荒者们来到了东山脚下的赛马场。当时这里仅有日伪军留下的 60 余孔土坯窑洞，行将坍塌。"

"他们披荆斩棘、艰苦创业，修建了一排排平房，开辟了一个能供 600 名学员学习的教学场所。"

……

谈起建校时的艰辛，几位老同志概括为"白手起家、因陋就简、摸爬滚打"的精神。老人们争相回忆、相互印证，追寻历史的足迹。他们说，1949 年 4 月，华北重镇太原解放，为了保卫新生的人民民主政权，在华北职工总会太原办事处的领导下，成立了一所以培训各厂矿工人骨干为主的政治学校——山西职工学校。校长由办事处主任康永和兼任。

康永和是在抗日救亡工运高潮中成长起来的。1937 年，在太原工人游行示威纪念九一八的活动中，康永和被现场工人推选为山西省总工会第一届主席，后领导组建工人武装自卫队投身抗日洪流。1951 年离开山西后，康永和先后担任中华全国总工会华北工作委员会主任、全国总工会书记处书记、全国总工会副主席、世界工会联合会书记处书记、国家劳动总局局长等职。

山西职工学校虽然存在时间很短，1949 年年底即停办，但在动员组织工人保卫工厂、支援人民解放战争中作出了积极贡献，也为创办一所职工干部学校积累了经验。

1948 年 11 月，山西省总工会恢复成立。此时，工会干部紧缺，工人文化程度低的问题日益凸显。为此，省总工会决定创办一所专门的学校，为党的工运事业培养和造就一批批急需的人才。

1951 年 5 月 15 日，山西省职工干部学校成立了，时任省总工会主席马佩勋兼任校长。学校最初的校址在太原市崔家巷的汾阳会馆。6 月初，省政府把太原市小东门外的赛马场一带拨给了学校。

当时的赛马场，院落空旷，杂草丛生，野兔奔窜。但在 9 名创业者眼中，这里犹如一张白纸，好画最新最美的图画。

1951 年 5 月山西省职工干部学校成立时的校门

戎　兵/摄

当时，财政吃紧，建校只能本着节俭的原则，兴建校舍力争做到"三年不漏，五年不塌"，大礼堂只用了一半的造价就建成了。

其间，学校办班困难重重，但教职工并没有屈服，他们团结一致，紧密配合，努力为尽早开班积极准备。1951 年 7 月，第一期干部班培训学员 90 人；8 月，举办了临时专业班，培训 784 人；11 月，接连举办了第二期干部班和第一期职工班，到 1953 年 7 月，已举办了 3 期职工班和 7 期干部班。

到 1953 年底，学校已粗具规模，可承担 600 名学员的教学任务，学校教职工也增加到 42 人。

当时，学员来校抱着各种目的，有的是为学业务、学文化而来，有的是为回去当脱产干部和入党而来，甚至有的是为逛太原而来。

为了帮助学员解决思想问题，端正学习态度，学校开班后首先组织座谈，谈入学动机、个人思想及家庭情况，明确学习目的，相互增进了解，着力营造"专心学习、提高自己"的氛围。

"办班以干部班和职工班为主。干部班坚持政治理论和工会业务并重，职工班主要进行启蒙教育。"省总为学校制定的这一办学方针立足现实，适应时代需要。

听从时代召唤，正是学校基业长青的奥秘。得出这一共同观点，老同志们的话题从学校初创时的艰辛，转向了新时代学校的新生——山西工匠学院的挂牌。

初创，学校回应的是启蒙职工的时代呼声；如今，学校肩负着锻造产业工人队伍的时代重托。情系学校发展的老同志们近年来多次应邀回校联谊、座谈。更让他们高兴的是，学校聘请了40余名省内外闻名的工匠大师担任客座教授。从2017年起开展的"花开满园"职工职业技能培训，极大地增强了学校的凝聚力和影响力以及学校的生存力和竞争力。

"'花开满园'行动像一粒种子，慢慢地成长，成长为如今的山西工匠学院……"一位老同志动情地说。

复校与新时代

1954年底，学校改名为山西工会联合会干部学校，这标志着学校培养对象重点的转移，从过去干部与职工并重，改变为以工会干部为主。

当时，普通班的培训对象是中、小型企业基层工会主席及包括地方工会、产业工会在内的工会专职干部，每期百人左右，学习时间仍然是两个月至7个月不等；短期班培养对象是各基层不脱产的工会主席、小组长和工会积极分子，每期400人左右，学习时间为两三个月。

老同志们举例印证这一办学的黄金时期。比如，时任省委常委、太原市委书记来校作报告；时任全总劳动保险部部长来校授课；1955年绿化校园，种植洋槐500株、大叶杨1500株，建了金鱼池；1956年补种果树、翠柏640株，在旧社会的荒凉地里打造了一片绿地，因此被评为太原市绿化模范单位，获得了太原市劳动委员会锦旗。

1958年7月，山西省工会联合会恢复山西省总工会名称，学校也更名为"山西省总工会干部学校"。应时代需要，学校开始抽调职工外出大炼钢铁、修建水库、开荒种粮……

再后来，学校的教育工作时断时续，直到党的十一届三中全会以后，才开始酝酿学校的恢复和重建工作。

当时，学校校舍被占，教学设施流失殆尽，有的教师不知去向。"哪怕干校就10个人，学也要开！"大家决心很大，四处奔走，协调处理十分棘手的校舍被占问题，付出艰苦努力，收回约3/4的校园。

1979年9月1日，省总干校复校后的第一期培训班开班。

开班仪式上，时任省委常委代表省委、省政府到会祝贺。

20世纪80年代初，时任副省长先后3次到干校培训班作报告，授课讲解体制改革、煤矿安全生产；时任副省长也应邀作了经济形势报告。

省总工会干部学校及时深入传达改革好声音，讲深讲透维护职工利益与改革开放大局的关系，其经验被《人民日报》专题报道。

乘改革开放的东风，与岗位培训的主体教学业务并行成长的是成人高等教育事业，为20世纪八九十年代的干校注入了活力、带来了机遇。省总工会干部学校不失时机地举办了成人高考补习班、工运大专班、劳模大专班、专业证书班，亲身经历这段历史的老同志们越聊越兴奋、越谈越激动。记忆已然模糊，但黄文新老人还能忆起一些细节：1992 年招收的劳模大专班，编制为 9211 班。这个班的学员在读中小学时，正逢知青上山下乡，没学多少东西，文化底子薄，学起来吃力，于是，全班成立了 5 个学习小组，分头发现"困难户"并及时帮助解决。各组又把学习较好的和学习比较吃力的同学结成对子，开展"一帮一"活动。大家热爱集体、互相帮助，看着女生抢着帮助男生洗衣服，赵轶等男同学花 10 元钱买了一台旧洗衣机，修理后就能正常使用了。心灵手巧的赵轶还帮学校附近一名下岗青年组装了一台吸塑机，制作食品盒，受到一家食品厂的欢迎。

令在 6 个不同类型班级担任过班主任的樊淑爱印象最深的是8805 班。她回忆说，这个班的学生全部是参加成人统考正式录取后入学的，共有学生 30 人。入学时年龄最大的 35 周岁，最小的 19 周岁，是工运大专班第四届毕业生。"现在，大家还保持着联系，经常来往。"她如数家珍，热情地谈起了很多人毕业后的人生轨迹。

老同志们漫谈着，从 30 多年前的劳模班、工运班，聊到了近年来举办的全省工匠大师提升班。老同志们时时关注着学校的新变化、新局面。不久前，他们还拿到了山西工匠学院挂牌后出版发行的新教材——《劳动创造历史——山西工匠学院客座工匠教师励志报告汇编》。

书中收录 37 名劳模工匠大师的励志报告。老同志们你一言我一语地议论着：这些工匠大师不但身怀绝技，而且满腔热情，是工匠精神最忠实的实践者和传承者；他们传授给学员的不仅仅是技能和经验，更有真诚、笃信、敬业的精神。"工匠大师励志课是工匠学院最具特色的课程。"老同志们看得分明、议得透彻。

传承与向未来

办校办学，教学质量是生命线。老同志们说，一代代干校人始终牢记这一点。

学校初创，为了提高教学质量，大家坚持落实集体备课制度。时任校长李心耕为了备好哲学课，和大家一起研究教学内容，花两个多月时间写出了 6 万字的《哲学教授提纲》，让学员们能够听得懂辩证法，既能够说得出，还能和实际联系得上。

当时学校对教师的课堂要求是态度严肃、口齿清晰，重点突出、通俗易懂。老师一般是上午讲课、下午讨论，对学员提出的问题，由教研室集体研究后解答。后来，还总结出预习、听讲、复习、讲座、解答"五步教学法"，切实提高了教学质量。

复校后，省总工会干部学校开始为正规化打基础。从 1985 年学校首次分配来 5 名大学毕业生，到 1988 年教职工达到 70 余人，专兼职教师占比过半，中青年教师逐步挑起大梁，为教学质量大幅提升奠定了人才基础。

这个时期，学校明确提出以管理推动正规化建设的目标，坚持以党建带动各方面建设，在领导班子建设、管理机构改革与制度建设、教学管理、后勤管理、民主管理、思想文化建设等方面，都进行了有益的探索和实践。

作为亲历者，老同志们颇为自豪地说，十余年间，学校形成了拥有工会教育主业务的工会学、工运史、劳动法、企业管理、经济管理、民主管理、劳动保护、生活保护等配套的专业教师队伍，也拥有了与所设专业配套的近 30 门课程。在学校第一批国家专业技术人员评定中，3 人被评为副教授，11 人被评为讲师。

再后来，学校转化内部运行机制，全面实施了"定、聘、挂"改革，进入了快速发展阶段，不断探索办学新路子。

1994 年 7 月，学校加挂"山西职工专修学院"的牌子，实现了社会办学。同年，专修学院招生 33 人，专业为全日制财会大专班，开设 13 门课程。后来还与有关单位合作，成立了中国工运学院山西函授站、山西省电子工业学校职业中专部、太原大学东校区等。

历史的潮流不可抗拒，改革的车轮不可阻挡。经历过创业艰难、成绩显著、学员萎缩等考验的老同志们对这一点深有感触。

老同志们说，71 年来，学校感恩前行。省总党组始终高度重视学校的工作，在政治、思想、组织上不断加强对学校的领导，在人力、物力、财力等方面大力支持，保证了学校始终坚持正确的政治方向，为学校的发展奠定了根本性的基础。社会各界为办校办学提供了方方面面的支持，尤其是广大的基层、广大的职工、广大的工匠大师，给予了学校足够的信任，赋予了学校不尽的生机和活力。正是因为有了他们，学校才有足够的养分，才能茁壮成长 70 年。

坚持举办 27 届工会理论与教学研讨会，反复推敲、全力推动，建立 5 个课程体系、设置两种课程模式、面对两种类型学员、汇聚一张课表……2022 年 5 月山西工匠学院挂牌后，省总工会干部学校全体离退休干部再次应邀回到学校参观座谈。

新变化、新成果昭示着新未来，老同志们感慨不已。大家都说，在新时代的大潮中，学校确定了政治办学、开门办学、一心办学的办学方针，树立了工会干部培训基地、工运理论研究基地、工匠精神传播基地的发展目标，形成了工会干部培训、全总特色培训、职业技能培训的培训格局，打造了本校教师、专家学者、工匠大师 3 支师资队伍，开启了校市校企合作、送教到基层、年度大调研 3 项扎根活动，正以全新的面貌走向未来。

思考

70 年的历史证明，山西省总工会干部学校作为全省工运教育事业的主阵地、全省工会干部培训的主战场，履职有力，成效卓著。

紧紧围绕全省工会中心工作，服务全省工会工作大局，重点在提高工会干部服务转型综改的能力上下功夫，持续在提高工会干部服务职工群众的能力上下功夫，做到省总的重点工作指向哪里，学校的培训服务就跟进到哪里，正是学校顺应工运潮流奔向未来的成功经验之一。

正是一代代干校人向改革创新要前途，向改革创新要活力，向改革创新要价值，把学校的根深深地扎在基层、扎在企业、扎在职工群众中，不断巩固既有阵地、开拓新的领域，办校办学才更上一层楼，迎着创建全国一流工会院校的目标加速奔跑。

本文刊于 2022 年 8 月 26 日《山西工人报》

山西工人報
SHANXI GONGREN BAO

新闻责任
工会声音
职工精神
维权担当

山西省总工会主管主办
山西工人报社出版

山西工人网·http://www.sxgrw.com
E-mail:sxgrb@163.com

【今日四版】

国内统一连续出版物号 CN14-0003　代号 21-10　2022年8月 **26** 日 星期五　农历壬寅年七月廿九　总第10645期

中国科协认定首批 194 个"科创中国"创新基地

省总干校：迎时代浪潮重生 为工运事业夯基

本报首席记者 李彦斌

1951年5月学校成立时的校门。

山西这十年·系列主题新闻发布

省委宣传部、省委网信办、省文化和旅游厅、省广播电视局、省文物局有关负责人介绍党的十八大以来全省宣传思想文化工作情况

为全方位推动高质量发展提供坚强思想保证和强大精神力量

本报8月25日讯（首席记者 尚慧辉）

省总开展群众性安全生产监督检查调研

本报讯（首席记者 刘宇萌）

大同市产业工人队伍建设改革工作现场会召开

本报讯

开学季我省警方开展"护校安园"专项工作

本报讯（记者 郭峰丽）

山西重大工运事件重要工运人物 寻访展示

省总干校：迎时代浪潮重生　为工运事业夯基

办今的省总干校校园

建校初期学员留念

建校首批合影的第一个工会干部培训班

思考

[大量正文栏目文字]

摄影、视频 本报寻访记者 成真

·观点·

以深化体制机制改革释放人才红利

范思翔

"轻微违法不罚"彰显法治温度

沈彬

文创月饼别成
天价月饼新变种

杨玉龙

『一颗牙』的价格关乎民生冷暖

王维砚

一版督校编辑 许春霞　二版督校编辑 马田中　三版编辑 唐志怡　董光仁

工人疗养院：维护职工健康的重要阵地

李小全

铭
刻

从抗日战争、解放战争到社会主义建设时期，中国共产党在全国各地的敌后根据地都建立了不同的军工厂及其他生活工厂，千百万爱国工人一起投入爱国救国大生产运动，他们不计代价地工作，造成了身体不同程度的损伤，如何让他们尽快恢复体力，更好地投入生产建设成了党中央思考的问题。于是，新中国成立后，国家开始在条件允许的风景名胜区轰轰烈烈地建立工人疗养院。几十年来，工人疗养院在恢复工人身体健康、治疗各种慢性病等方面发挥了巨大的作用。

工人疗养院是广大工人尤其是劳动模范、先进工作者的疗休养胜地，曾经门庭若市、繁荣一时。那么，工人疗养院是如何诞生的？工人疗养院发挥了什么作用？带着诸多疑问，记者采访了山西省主管工人疗养院的省总及市总相关部门领导，并查阅了许多资料，让工人疗养院的部分历史呈现在读者面前。

心系工人健康，名胜区建起工疗院

新中国成立后，百废待兴，在建设社会主义新中国的热潮中涌现出"石油工人"王进喜、"淘粪工人"时传祥等一大批模范人物。他们的事迹感染并影响了一代又一代人，让无私奉献成为那个时代

晋祠工人疗养院综合医疗楼　李庆峰／摄

的主旋律。然而，他们为国家建设作出巨大贡献的同时，身体也过度透支，如何让这些劳动模范以及更多默默为国家建设付出心血和汗水的工人们的身体得到有效恢复，降低他们的患病率，成为国家领导人考虑的问题。因此，在各风景名胜区建立工人疗休养院，建立工人疗休养制度也被提上日程。

太原城区向西南 20 余公里，有一个背山面水、山清水秀的地方，这里曾经是北齐历代皇帝的行宫，这就是距今已有 1500 余年历史的晋祠。

1953 年 5 月，在苏联专家的帮助指导下，立足服务国家能源重化工基地建设的山西工人晋祠疗养院在晋祠公园的南面开院，仿苏式三层洋楼的设计，建成后近 20 年一直是太原的地标建筑之一。朱德、邓小平、贺龙等曾下榻该院。

山西工人晋祠第一疗养院原院长李晋德告诉记者："据说，晋祠第一疗养院曾是民国时军阀孙殿英在盗掘皇陵后买下的宅院，他花了很多钱将这里建成一个花团锦簇、鸟语花香的大花园。现在院里大量的参天大树，如上百年的柏树、皂角树、核桃树，依旧见证着当年的辉煌。山西工人晋祠第一疗养院在20世纪50年代刚建成时，一条小河从悬瓮山下哗哗流出，里面到处是鱼虾鳖蟹，是一处非常适合疗养、休养的胜地。"当时，这里不仅风景优美、医疗设施齐全，尤其是各种职业病、慢性病的康复理疗仪器设备一应俱全，还有一批来自部队和大医院的专家、大中专毕业生组成的专业水平很高的医疗队。这也让山西工人晋祠第一疗养院开院没多久就迅速红遍山西乃至华北、西北。

随着社会主义建设浪潮的迅速掀起，职工疗养、休养出现了一床难求的局面。山西省的重工业发展导致工人队伍中出现了传染病患者增多的现象。当时的省总工会领导审时度势，又在该院向南2.5公里处新建了结核病疗养院，就是后来的山西工人晋祠第二疗养院，让患病工人有了专业医疗休养的地方。

如今的长治市，古称上党，地处太行山脉西部，山峦重叠、林木茂盛，是山西省水资源最为丰富的地区，浊漳河、清漳河、沁河滋养着上党儿女。这里也是山西省抗日根据地、八路军总部所在地，诞生了黄崖洞兵工厂等一大批抗日根据地的工厂，支援着八路军抗击日军的斗争。解放后，这里建起了门类齐全的各种工厂，30万名产业工人在这里进行革命大生产。于是，在原来长治郊区高家庄天主教堂的基础上，长治工人疗养院建起来了，当时占地3万平方米，建筑面积达6300平方米。改革开放前，长治工人疗养院作为长治市30万名产业工人的疗休养基地，为上党地区产业工人各种职业病治疗、劳动力恢复和再生产都作出了很大的贡献。

方便工人疗休养，院所建设如雨后春笋

20 世纪五六十年代，山西省的交通相对落后，许多工人想到晋祠工人疗养院疗休养光坐车就得很长时间，非常不方便。于是，省总工会鼓励各地市有条件的地方均可建立工人疗养院。

1949 年 4 月太原解放后，军管会接管了位于太原市上官巷的山西共济医院，改名为"太原职工医院"；同时将原西北实业公司西北医院以及地处东夹巷的博爱医院并入太原职工医院，由华北总工会太原办事处管理，1950 年 4 月更名为"山西工人医院"。1953 年，为了响应全总及省总方便职工就近疗养、广泛建设疗养院的号召，山西工人医院改为太原市总工会工人第一疗养院。同年，太原市总工会在太原城外的小南关新建了工人疗养院，有床位 200 张，被命名为"太原工人第二疗养院"，并将原工人医院中医部迁来，作为专业的中医疗养院。

当时，由于刚解放，医疗水平落后，社会上的结核病人众多。针对这种情况，当时的省建委还在南寒建立了山西工人南寒结核病疗养院，有床位 200 张。

可以说，为了让广大职工，尤其是为建设新中国作出过巨大贡献的劳动模范、先进工作者、工人骨干等先进人物有一个恢复健康的优良环境和场所，各级工会组织想尽一切办法，在有条件的地方都兴建了疗养院所。

历经风雨的疗养院再焕生机活力

兴建疗养院就是为职工，尤其是为新中国建设作出过巨大贡献的劳动模范、先进工作者等提供疗养、休养保障，也是为了激励更

多的职工向这些先进人物学习看齐的一种举措。然而，"文化大革命"开始后，疗养院被当作修正主义的温床全部取消。

说起这些往事，山西工人晋祠第一疗养院原院长李晋德很是感伤："当时说解散就解散了，人员也跟着到了外地，比如山西工人晋祠第一疗养院的人员连同设备一股脑地全被搬到灵丘县。后来疗养院又搬到大同，与当时的雁北地区医院合并，直到1984年才搬回原址，新成立了山西工人晋祠第一疗养院。而山西工人晋祠第二疗养院解散后全去了离石，后又搬到柳林县，直到1985年恢复成立山西工人晋祠第二疗养院。"

李晋德说："疗养院搬回原址时，院容院貌已经发生了很大变化，原来一条小河从院里南北两座疗养楼之间自西向东横穿而过，到处是鲜花绿树，处处是花园美景。而重新接管后，中间的小河已经没了，取而代之的是南北两座疗养楼之间连接了一座医技楼，里面设置了门诊、放射科等部门，疗养院变成了一半是疗养、一半是医院的格局。"

即使如此，在广大疗养院职工的积极管理和呵护下，山西工人晋祠疗养院得到了极大的发展，疗养事业蒸蒸日上，同时成立了山西省康复医学中心，可以用于各种手术后康复及治疗各种慢性病，医疗水平在晋祠附近方圆几十公里也是顶呱呱的。

与此同时，长治、大同等地的工人疗养院也得到了恢复。

改革开放后，山西省社会、经济等各方面都得到了很大发展。继山西工人晋祠疗养院、太原工人疗养院、长治工人疗养院这些疗养院建成并不断发展后，大同、忻州、夏县等地也因地制宜，先后建立起工人疗养院，如山西忻州工人温泉疗养院。从20世纪80年代开始，由山西省计委牵头、省各厅局集资、省总工会负责，在忻州奇村新建了温泉疗养院，有床位300张，季节性新增床位450张，为劳模等先进工人代表治疗关节炎、皮肤病和其他慢性疑难疾病，收到了很好的效果；大同工人疗养院就建在大同城北门，有床位 200 张，负责接待当地疗休养职工，免去了当地职工为去外地疗休养而奔波的辛苦。

尤其是始建于 1974 年的山西煤矿工人夏县温泉疗养院，是全省唯一以"煤矿工人"命名的疗养院，占地面积 76000 平方米，建筑面积 36000 平方米，开设床位 400 张，开发了 4 眼温泉，出水温度分别为 38 摄氏度、42 摄氏度、48 摄氏度、52 摄氏度，可供春、夏、秋、冬四季应用，这里的温泉含有钙、镁、钾、钠、氡等 36 种有益于身体的微量元素。山西煤矿工人夏县温泉疗养院由省总工会和煤矿工会牵头，组织八大统配煤矿共同投资兴建。该院利用自身优势，改变机制，调整经营结构，即使在市场机制优胜劣汰的考验下，依旧得到了较好的发展。它的存在为全省 800 万名产业工人的身体健康提供了坚实的保障。

面临市场考验的工疗院，重整旗鼓再出发

山西省各大工人疗养院都是计划经济环境下为保障广大产业工人健康而建设的，在各级工会组织的支持下，大多经历过辉煌的岁月。

位于晋祠的山西工人晋祠疗养院紧靠晋祠公园，风景怡人。从各地市来到这里的劳模、先进工作者以及患病职工每天徜徉在如诗如画的环境中，加上疗养院拥有一定水平的医疗技术，身心都得到了很好的休养。因此，直到 20 世纪 90 年代初，这里经营状况一直不错。

位于忻州奇村的工人疗养院拥有得天独厚的条件——温泉水质在全国屈指可数，矿物质含量丰富，对人体有益，对皮肤病更有极佳的疗效，正常人在这里泡澡或游泳不需要使用任何洗浴用品，出水后皮肤都会变得光滑细腻，加之新建的设施，这里也曾门庭若市。

大同工人疗养院原是一所教会医院，即大同首善医院，新中国成立初期由雁北地区政府划拨给大同市总工会。这里曾经为大同市数十万工人提供了良好的疗养、休养服务，煤矿工人尤其受益匪浅。虽然"文化大革命"期间该院一度停办，但改革开放后为满足工人疗休养的需求，大同市政府专门无偿划拨 120 亩土地，投资 200 万元重新修建了新的工人疗养院。

大同、忻州等地先后重新建起的工人疗养院，与山西工人晋祠第一、第二疗养院及山西煤矿工人夏县温泉疗养院、长治工人疗养院一起对山西省的职工疗休养事业发挥了重要的作用。然而，计划经济下的产物走向市场经济后，由于各自特殊的原因，大部分工人疗养院发展举步维艰。

到了 20 世纪 80 年代末，随着市场经济的不断发展，全国疗休养事业面临着管理僵化、设施设备落后的局面，山西省各工人疗养院也面临着疗养人员减少、经费不足的困境。尤其是长治工人疗养院，由于种种原因已经不具备疗养条件。大同工人疗养院经过近 20 年的发展已成为一所功能完备的肿瘤专科医院，失去了服务职工疗休养的功能与作用。

山西煤矿工人夏县温泉疗养院在服务好煤矿工人疗休养的同时，利用自身资源优势，适应市场需求，投资数千万元兴建了上万平方米的养老公寓，增设了健康体检中心、中医康复医院，配备了几十种国内外先进医疗设备，成为山西省首个疗养系统医养结合示范单位、城镇居民医保定点医疗机构。据统计，近 50 年来，山西煤矿工人夏县温泉疗养院先后接待煤矿疗养人员 30 万余人次、劳动模范疗休养人员 2 万余人次，对适应证治疗有效率达 95% 以上；接待各类游客、会议人员 80 万余人次，还曾接待国内外重要领导和友好人士，为全省职工疗休养事业作出了重大贡献。

山西省作为全国能源重化工基地，拥有数百万名产业工人。工人疗休养是工会组织赋予职工的一项福利，具有服务职工的社会意义。省总工会一直高度重视职工疗养院建设工作，目前，一批规模更加宏大、设施更加完备、功能更加齐全的职工康养基地正在筹备建设中。

我们相信，在省委、省政府的支持和关心下，在省总的努力下，山西的工人疗养、休养事业一定能迎来辉煌的明天。

思考　几十年来，工人疗养院在计划经济与市场经济的变革中起起伏伏，经历过车水马龙的繁华，也经历了门庭冷落的凄凉，但是让广大职工恢复体力、恢复健康，为广大职工治愈工作中产生的各种慢性病，服务于广大职工的职责与使命从未改变。社会主义市场经济环境下，如何让工人疗养院健康地成长并强大起来，恢复往日的辉煌，从而更好地服务职工，就成了各级工会组织思考的问题。

令人欣喜的是，从中华全国总工会到各省、市工会组织，都越来越重视工人疗养院的建设，建立功能更加齐全、更加适应职工需求的职工康养基地已被提上日程。我们相信，山西省工人疗休养的新时代即将到来，职工疗休养事业的明天将更加美好。

本文刊于 2022 年 11 月 15 日《山西工人报》

山西工人報

SHANXI GONGREN BAO

新闻责任 工会声音 职工情怀 维权担当

山西省总工会主管主办
山西工人报社出版

山西工人网 http://www.sxgrw.com
E-mail:sxgrb@163.com
(今日四版)

国内统一连续出版物号 CN14-0003 代号 21-10 2022 年 11 月 15 日 星期二 农历壬寅年十月廿二 总第 10716 期

2022 年全国女子举重锦标赛暨全国女子举重冠军赛落幕

山西队收获一金一银

本报讯（记者王雨青） 11 月 8 日，为期 5 天的 2022 年全国女子举重锦标赛暨全国女子举重冠军赛在江苏省张家港市落下帷幕。我省共派出 4 名运动员参赛，收获一金一银、1 个第四名、5 个第五名。

此届赛事是国内年度举重项目最高级别的赛事。此次全国女子举重锦标赛共有 26 支队伍参赛，设 10 个项目，每个项目产生抓举、挺举和总成绩 3 项冠军。

在 5 日进行的 59 公斤级比赛中，我省年轻小将李慧珍不畏强手，顽强拼搏，最终以抓举 102 公斤获得第一名，挺举 118 公斤获得第四名，以总成绩 220 公斤获得第二名的好成绩。

该级别我省另一名运动员李佳佳获得抓举第五名、挺举第五名、总成绩第五名。在 8 日进行的 81 公斤级比赛中，我省运动员杜鹏获得抓举第五名、挺举第六名、总成绩第五名。

山西重大工运事件重要工运人物寻访展示

工人疗养院：维护职工健康的重要阵地

本报首席记者 李小全

铭刻

从抗日战争、解放战争到社会主义建设时期，中国共产党在全国各地的敌后根据地，都建立了不同的军工厂及其他生活工厂，千百万爱国工人一起投入爱国救国大生产运动。他们不计代价地工作，造成了身体不同程度的损伤。如何让他们尽快恢复体力，更好地投入生产建设成了党中央思考的问题。于是，新中国成立后，国家在条件允许的风景名胜区开始轰轰烈烈地建立工人疗养院。几十年来，工人疗养院在恢复工人身体健康、治疗各种慢性病等方面发挥了巨大的作用。

工人疗养院是广大工人尤其是劳动模范、先进工作者的疗休养胜地，曾经门庭若市、繁荣一时。那么，工人疗养院是如何诞生的？工人疗养院发挥了什么作用？带着诸多疑问，记者采访了我省主管工人疗养院的省总及市总相关部门领导，并查阅了许多资料，让工人疗养院的部分历史呈现在读者面前。

心系工人健康，名胜区建起工疗院

新中国成立后，百废待兴，在建设社会主义新中国的热潮中涌现出“石油工人”王进喜、“掏粪工人”时传祥等一大批模范人物。他们的事迹感染并影响了一代又一代人，让无私奉献成为那个时代的主旋律。然而，他们为国家建设作出巨大贡献的同时，身体也出现过度透支。如何让这些劳动模范以及更多默默为国家建设付出心血和汗水的工人们的身体得到有效恢复，降低他们的患病率，成为国家领导人考虑的问题。因此，在各风景名胜区建立工人疗休养院，建立工人疗休养制度也被提上日程。

太原城区向西南 20 余公里，有一个背山面水、山清水秀的地方，这里曾经是北齐历代皇帝的行宫，也是山西历代最高行政长官的避暑胜地，这就是距今已有 1500 余年历史的晋祠。

1953 年 5 月，在苏联专家的帮助指导下，立足服务国家能源重化工基地的山西工人晋祠疗养院在晋祠公园的南面开院，仿苏式三层洋楼的设计，建成后近 20 年一直是太原的地标建筑之一。朱德、邓小平、贺龙等曾下榻该院。

山西工人晋祠第一疗养院原院长李晋德告诉记者：“据说，晋祠第一疗养院原来曾是民国时军阀孙殿英在盗掘皇陵后买下的宅院，花了很多钱将这里建成一个花团锦簇、鸟语花香的大花园。现在院里大量的参天大树，如上百年的柏树、皂角树、核桃树，依旧见证着当年的辉煌。山西工人晋祠第一疗养院在上世纪 50 年代刚建成时，一条小河从悬瓮山下哗哗流出，里面到处是鱼虾鳖蟹，是一处非常适合疗养、休养的胜地。”当时，这里不仅风景优美，医疗设施齐全，尤其是各种职业病、慢性病的康复理疗仪器设备一应俱全，还有一批来自部队和大医院的专家、大中专毕业生组成专业水平很高的医疗队。山西晋祠工人第一疗养院当时的医疗水平在太原也属于第一梯队。这也让山西晋祠工人第一疗养院开院没多久就迅速红遍山西乃至华北、西北。

随着社会主义建设的浪潮迅速掀起，职工疗养、休养出现了一床难求的局面。我省重工业的发展导致工人队伍中出现了传染病患者增多的现象。当时的省总工会领导审时度势，又在离该院向南 2.5 公里处新建了结核病疗养院，就是后来的山西工人晋祠第二疗养院，让患病工人有了专业的医疗休养地方。

如今的长治市，古称上党，地处太行山脉西部，山峦重叠、林木茂盛，是我省水资源最为丰富的地区，浊漳河、清漳河、沁河滋养着上党儿女。这里也是我省抗日根据地、八路军总部所在地，诞生了黄崖洞兵工厂等一大批抗日根据地的工厂，支援着八路军抗击日寇的斗争。解放后，这里建起了门类齐全的各种工厂，30 万名产业工人在这里进行革命大生产。于是，在原来的长治郊区高家庄天主教堂的基础上，长治工人疗养院建起来了，当时占地 3 万平方米，建筑面积达 6300 平方米。改革开放前，长治工人疗养院作为长治市 30 万名产业工人的疗休养基地，为上党地区产业工人各种职业病治疗、劳动力恢复和再生产都作出很大的贡献。

方便工人疗休养，院所建设如雨后春笋

上世纪五六十年代，我省的交通相对落后，许多工人想来疗休养光坐车就得很长时间，造成了工人疗休养的不方便。于是，省总工会鼓励各地市有条件的地方均可建立工人疗养院。

1949 年 4 月太原解放后，军管会接管了位于太原市上官巷的山西共济医院，改名为太原职工医院；同时将原西北实业公司西北医院以及地处东夹巷的博爱医院并入太原职工医院，由华北总工会太原办事处管理，1950 年 4 月更名为山西工人医院。1953 年，为了响应全总及省总方便职工就近疗养、广泛建设疗养院的号召，山西工人医院改为太原市总工会工人第一疗养院。同年，太原市总工会在太原城外的小南关新建了工人疗养院，有床位 200 张，被命名为太原工人疗养第二院，并将原工人医院中医部迁来，作为专业的中医疗养院。

当时，由于刚解放医疗水平落后，社会上结核病人众多。针对这种情况，当时的省建委还在南郊区南寨建立了山西工人南寨结核病疗养院，有床位 200 张。

可以说，为了让广大职工尤其是为建设新中国作出巨大贡献的劳动模范、先进工作者、工人骨干等先进人物有一个恢复身体健康的优良环境和场所，各级工会组织想尽一切办法，使有条件的地方都兴建了疗养院所。

历经风雨的疗养院，再焕生机活力

兴建疗养院就是为职工尤其是为新中国建设作出巨大贡献的劳动模范、先进工作者等提供疗养、休养保障，也是为了激励更多的职工向这些先进人物学习看齐的一种举措。然而，“文化大革命”开始后，疗养院被当作修正主义的温床全部取消。

（下转第 4 版）

了解工人疗养院的发展进程，请扫二维码

学习宣传贯彻党的二十大精神

朔州煤电公司——

发挥媒体矩阵作用推动学习见成效

本报讯 连日来，晋能控股煤业集团朔州煤电公司党委充分发挥媒体矩阵作用，全面深入学习贯彻党的二十大精神，坚持在学习中明方向、理思路、寻路径，推动党的二十大精神学习变得充满新意、饱含温度、更具力量。

该公司及时利用党委理论中心组学习、“三会一课”等方式进行学习宣传贯彻，倡导广大职工充分运用“学习强国”App、微信公众平台等开展线上学习；在线上平台开展“二十大时光”——各单位热议党的二十大精神专题活动，公司各单位主要负责人就学习贯彻党的二十大精神接受线上采访，大家纷纷联系发展实际畅谈前行方向，凝聚思想共识，激发前进动力。

该公司在“朔州煤电”微信公众平台持续转发转载中央主要媒体关于党的二十大精神相关专题报道，积极发布全公司学习宣传党的二十大精神的生动实践。截至目前，该公司累计转发相关宣传报道 30 余条，发布全公司学习宣传信息 20 余条。

（刘雁璃 温东霞）

湖东车辆段——

将学习热情转化为安全生产的内生动力

本报讯 在学习宣传贯彻党的二十大精神中，大秦铁路湖东车辆段党委突出宣传引导凝聚合力，发挥党支部战斗堡垒、党员模范带头作用，带动职工一同确保安全生产持续稳定。

该段党委充分利用党委中心组研讨交流、“三会一课”、分层宣讲、重点解读等形式，深入学习宣传党的二十大精神，切实了解新成就、清楚新判断、明白新方略。

该段党委把学习贯彻党的二十大精神的热情和落脚点转化为发挥党组织战斗堡垒和党员先锋模范带头作用的内生动力。各级党组织攻坚克难，特别是厂修车间党总支针对限压阀组装管系在运用过程中重车位易发生漏泄故障的情况，积极立项攻关，设计制作了单车试验重车位试验卡具，有效遏制了限压阀漏泄故障，确保了大秦重载的安全。同时，党员有效带动其他职工同控风险、共保安全。

（梁国权 郭雅楠）

麻家梁煤业公司——

班子成员深入联点单位宣讲党的二十大精神

本报讯 为认真学习宣传贯彻党的二十大精神，近日，晋能控股煤业集团麻家梁煤业公司领导班子成员深入联点单位，以专题党课的形式宣讲党的二十大精神。

该公司党委理论学习中心组带头学，各党支部根据自身工作实际，制订学习贯彻党的二十大精神方案并签订《学习目标责任书》，开展学习“回头看”活动，闭环考核基层党支部学习党的二十大精神开展情况，确保学习质量提升，学习贯彻落实有效。

以学习宣传贯彻党的二十大精神为主题，公司领导班子成员深入联点单位，以专题党课的形式宣讲二十大精神。各党支部开展二十大精神主题党日活动，举办党的二十大精神巡回宣讲和主题演讲比赛，推动二十大精神入基层、进区队、到班组，营造良好的思想舆论氛围，用党的二十大精神统一思想，凝聚力量。

（刘明珍）

11 月 10 日，以模拟飞机在着陆过程中偏出跑道进入土面区、造成右起落架折断和发动机触地起火为背景，太原武宿国际机场在机坪上进行 2022 年度应急救援综合演练，共有 1 架飞机、70 台车、240 人参与。此次演练进一步提升了航空安全应急处置能力。 本报首席记者 陈秋蓬 摄

阵地有特色 服务有内容 效能有提升

太原市小店区为新业态就业群体党建工作赋能

本报讯（记者师薇） 美团太原分公司成立全省首个外卖骑手流动党支部；德邦、大成物流园区等分支机构成立 9 个党支部；在山西中通、滴滴太原分公司、大昌公司成立 3 个示范线路流动党支部和两个临时党支部。今年年初以来，太原市小店区新业态就业群体党建工作取得了显著成效。

我省抓党建促基层治理能力提升专项行动开展以来，太原市小店区针对新业态就业群体覆盖范围广、组建管理难、流动性大等难题，整合体系、条块联动，精细服务、深度融合，推动新业态就业群体党建阵地有特色、服务有内容、效能有提升。

该区市场监管、交通运输等部门联合采取“两上两下”的方式：工委“下”发指导清单，街乡、社区网格人员“下”沉核实，“上”报党（工）委汇总，形成区、街（乡）、社区三级分总结合的快递物流行业党建台账，以半年为单位动态摸排更新，目前，已摸清全区快递物流末端网点 396 个，从业人员突破 8000 人，党员 72 名。

建立党员快递小哥网格化管理机制，针对流动性较强的 396 个末端网点，专设 151 个社区新业态就业群体流动党支部强化兜底保障，开展日常联系服务。依托党群服务中心、“爱心驿站”等，扩建“暖‘新’家园”8 个，改造“暖‘新’驿站”134 个、“暖‘新’窗口”80 个、“1 平米暖‘新’服务角”260 个，“新”阵地覆盖面不断扩大。今年 3 月，区委组织部精心选址，打造 150 平方米“暖‘新’家园站”，与工会“爱心驿站”深度融合，专门用于服务新业态就业群体。

“暖‘新’行动 爱在小店”活动、“717 骑士节”慰问表彰等活动，为全区 50 余家餐饮、美发行业商户颁发“志愿共建合作单位”牌匾，为 300 余名快递小哥、外卖送餐员发放可享受就餐、剪发等优惠服务的“小哥暖心卡”，并向疫情期间 50 名发挥突出作用的骑手代表授予“抗疫英雄”称号。

此外，区委非公和社会组织工委依托网格力量，通过上门走访、问卷调查、座谈交流、设立意见箱、网络征询等方式，征集该群体普遍关心关注的 50 多项需求，涉及学历提升、发展空间、子女教育等，反向提供精准贴心的服务，彻底解决了他们的操心事。

社区网格员与新业态就业群体“点对点”联系，构建“发现问题—上报问题—处理问题—反馈评价”的闭环管理机制。通过志愿服务积分制管理办法，引导新业态就业群体在异常情况预警、突发事件直报、社情民意传递等方面发挥特殊作用。成立了“汾东小哥红心志愿者”“汾东骑手帮帮团”“新行侠”等志愿服务队，引导他们争当“疫情防控员”“平安巡查员”“文明引领员”“社情民意信息员”“政策宣讲员”。在疫情防控中，面对志愿者人手短缺，美团太原分公司流动党支部迅速集结 70 名疫情防控志愿者投入疫情防控一线。

山西重大工运事件重要工运人物 寻访展示

工人疗养院：维护职工健康的重要阵地

上世纪 80 年代山西煤矿工人夏县温泉疗养院及周边鸟瞰图

（上接第 1 版）说起这些往事，山西工人曾颇第一疗养院原院长季春雷感慨良深：＂当时设施特别差，人员也很省事不够（略），比如曾经人家一疗养院的人员由同设备一股随地全被撤到某区县。后来疗养院又撤到大同、当与当时的基本建设区以（略）介。直到 1984 年初恢复成，新成立山西工人曾同第一疗养院解散给去了夏辰石、后又搬到神林晶，直到 1985 年恢复成立山西工人曾同第二疗养院。＂

李雷这说，＂疗养院院刚建立时，院资院临已经发生了很大变化，原来一条小河从我里再北吼临疗养了区流淌环系成的一条河（略）。到也是解花榕神，经地毯花园演薄。而要翻蒲强百，有啊都小村已经成了，取而代之的是啊北院临疗养混乱之间给挥一座旅传现，而里设置了门诊、疗养院楼群等部门了，疗养院面积达了一半重疗养，一半里这大员配这山西工人曾同第二疗养院的格局。＂

即使如此，由于＂大疗养职工工作积极管理和呵护下，晋同工人疗养院得到了极大的发展，疗养事业蒸蒸日上，同时成立了山西省疾医学中心，可以用于各种不无后童夏及治疗各种难性的疗病，医疗水平在官时附加立方面几十公里也是顶呱呱的。

与此同时，长沿、大同等地职工工人疗养院也兴起了。

改革开放后，我省社会、经济呈各方面都取了很大发展。随着职工人疗养院，大兴恢复成，全方医改呈这发展，我省疗养院这疗院都纷纷上了新的规模层次。

位于历临市的晋同工人疗养院先后建立起职工人疗养院，如山历忻州工人晶夏疗养院，位于晶水它及其及温泉旁，虽然＂文革＂期间疗病一度停办，但改革开放后为满足工人疗养的需要，大同市政府专门扩建增补 120 亩土地提 200 万重新修建了新的工人疗养院。

随着大同、忻州等地先后重新建起工人疗养院，与山西工人曾同第一、第二疗养院并立，长治工人疗养院开始建起工人疗养院，长治工人疗养院一起为各省工作疗养事业及医疗非需要实的新下，疗养业务也同样下了个自妹彻的期间，大都分工人疗养院发展势头喜观。

疗养职工，免去了当地职工工去外地奔波之苦。

尤其地地建于 1974 年的山西煤矿工人夏辰温泉疗养院，是我省唯一以＂煤矿工人＂命名的疗养院，占地面积 76000 平方米，建筑面积 36000 平方米，开设床位 400 张，开发了四围晶泉，出水温度分别为 38 摄氏度、42 摄氏度、48 摄氏度、52 摄氏度，可供春、夏、秋、冬四季应用，含有钙、镁、钾、钠、氧等 36 种有益于身体的微量元素，由省总工会职工疗养休木，组织八大或配强矿去采取行疗休木，且组织八大戒配强矿去采接充疗休木，疗养、保健、调养经营相构，即使市场机制比较完达的考验下，依旧得到了较好的发展。它的存在为我省多 800 万名产业工人的身体健康提供了坚实的保障。

我省各大工人疗养院都累计划经济环境下与疾病＂大声命工人健康建设的，在各级工会相应的支持下，大多历过颤辉的洗礼。

位于新的镇的晋同工人疗养院曾经风景恬人，从各市来到这里的疗养、休养工作者以是很靠得之越是休木，休养工作者以是很重也的休木、保健。随然＂文革＂期间疗病一度停办，但改革开放后为满足工人疗养的需要，大同市政府专门扩建增补 120 亩土地提 200 万重新修建了新的工人疗养院。

的局面，我省各工人疗养院也面临着疗养人员减少、疗养不足的困境，大部分工人疗养院过这 20 年的改善了成为一所功能完善的综合的肿瘤专科医院，失去了服务职工疗养的功能与作用。

大同工人疗养院原是一所综合的医院，即大同首要医院，新中国成立初期由建大地区政府划拨给大同市总工会，这里曾经为大同数十万工人服务，目前已成立的一个公寓，增设了健康休养中心、中医康复区、配备了几十种国内外先进设备的肿瘤专科医院，失去了服务职工疗养的功能与作用。

山西煤矿工人夏辰县温泉疗养院在恢复建设的同时，积极自身经营性务，适应市场需求，投资数千万元兴建了上万平方米的职工公寓，增设了健康休养中心、中医康复区、配有几十种国内外先进医疗设备的肿瘤专科医院，综合示范作用。城镇居民医保定医疗机构，提成认、山西煤矿工人夏辰县疗养院已成为现代化综合性的工人疗养院为 50 年来，先后接待疗养疗养人员达 80 万余人次，劳动模范疗养休木人员 3 万余人次，对适应型的疗养休养达 95 以上，接待各类疗养、会议人员 80 万余人次，为疗养制国内外先进的医疗住宿环境下及好好人士，为全省职工疗养休木事业服务。

位于新的镇的专科医疗重点工基地，拥有数百万名疗休工人。工人疗养休木是工会组织职工疗养的一项事务目标，实现今后各地职工社会疗养住宿条件的一项措施，是具有高尚工会的，一批规模更加宏大、设施更加完善的工人疗养基地正在筹备建设中。

我们有理由相信，在工会、省政府的大力支持和关心下，在省的的努力下，山西的工人疗养、休木事业一定绘迎来新的明天。

建于上世纪 50 年代的晋同工人疗养院大礼堂

上世纪 90 年代山西煤矿工人夏辰县温泉疗养院理疗护理及医护人员为疗休养人员疗养护理疗指导

思考

几十年来，工人疗养院在计划经济与市场经济的新变革中起起伏伏，历经的过程每风雨如磐。如今的门诊、疗养休职、不愿沉了门脑应如何应对市场，如何在改革大潮中屹立不倒，是每个工人疗养院都要关心的。

今人欣慰的是，山西有的工会组织深入工人疗养院休职实地工人疗养休职下、看工会相职组织，积极理不愿了实的新市与疗养院，我们相信，在工会相职组织的新市的努力下，职工工人疗养的新时代必将到来。

撰题/摄影/本报记者 李燕峰

·教科文卫体·

李笑颖：到患者最需要的地方

本报记者 王雨嘉

在无影灯下，几十种检测仪器滴滴答答响个不停、上百种不无器械摆在有序地传来传去、大到器器械触发、小到哪几口无棒拿到、手盆放到、灯忽有起、一地间争取全部弄好、艺术后随、一定时候眼前是第三届民医院麻醉不无室的一名护士。

作为一名手术室护士，李笑颖清楚地知道从入无，穿不服从去心准为了疗他熟悉不无的工作，她都要老师学习并检查理要必（略），主动申请深入一线参加每一台手术、完

成纤细拍的每一项工作任务。由于工作性质的原因，她习惯了 24 小时不服开机，随叫随时到场。

2019 年入职以来，李笑颖就经历了近 3 年的疫情、身为护士的她随时待命、随时不服待命、危险时刻、危急时刻、危险时刻、色量相行，于是、她主动请罗到一线去，并坚人手术无室多去待命。

李笑颖觉得，做好的护理工作，做其从而术医护中一环。直坚正强硬，医护让患者得到最好的医疗服务、她说：＂我管的就是最需要的地方。＂

每当接到附近求救的同胞，李笑颖都义反动又开心。＂我是一名医护人员，疫情防控面前责无旁贷。＂李笑颖说，

简介绍，保承任务重的时候，早上只能喝一杯水、防护服从 8 杯左右至少上，一直到中午喝饭。＂这中间不能喝水，也不能吃任何食物＂她说，＂吃露湿的衣服，连工作服和防护服的双重隔层下，里衣、眼睛也经常浸入水中、那件和被汗隔后浸透干吸收湿水，汗水会待流满、又无法得到及时补水。每次给患者做护理工作、她其实已经经过了时、他上手无室时，到下无室时已经是晚上 22 时，她才她上手无室。

2019 年入职以来，李笑颖就经历了近 3 年的疫情、身为护士的她随时待命、随时不服待命、危险时刻、危急时刻、危险时刻、色量相行。

＂你们辛苦了！＂
＂加油！加油！＂

＂中国天眼＂发现迄今宇宙最大原子气体结构

尺度比银河系大 20 倍

新华社北京电 科学宇日前利用＂中国天眼＂FAST 对放出显呈新的＂脉冲为探索系＂发现宇宙天文的新的观测进行了收像观测、发现了 1 个巨量约达为 200 万光年的以太原子气体结构，这尺度比银河系大 20 倍。这是目为止宇宙中浮现到新的最大的原子气体结构。

该研究由中国科学院国家天文台研究人员领衔的国际团队共同完成、相关成果近日在国际学术期刊《自然》在线发表。

＂这一发现将是为＂中国天眼＂超高灵敏度带来的前所未有的观测证现，是目前宇宙中疗浮现的气体最浮现的＂标杆＂，分析说，＂中国天眼研探对的数据将了气体呈数据分析为观测的阶级浮现阶级与气体疗现中宇宙中天体的起源打开了一个新的讨论。＂

据介绍、宇宙中所有天体的起源，都离不开原子气体。原

演化过程就是从宇宙空间吸收原子气体热后后气其转化为星前过程。观测宇宙中的气体是天生物物领域一个非常重要的方面。

这是着有石头重星系早于 1877 年发布以来、这是天文领域最受关注的最新工程。这项最新星发星并列、在这演浮出新时代的观测网、存在天文观测记述的疗气体演出、这数气体结构的疗视了等等、这是疗＂石头石三体星为＂结构的疗析和其其疗现时代的视了，已经存在了大约几个 10 亿年。

＂这是发现对研究星系及其气体结构在宇宙中的演化提供过去过去、因为现有理论理解气体下产生之在加速疗系的时间尺度远超了加速加变宇宙空间中的紫外线背景辐射或紫外线宇宙密里。宇宙中红的起源打开了一个新的讨论。＂

据介绍，宇宙中所有天体的起源，都离不开原子气体。原

近日，浙江省湖州市吴兴区东林医院医务人员来到东林镇泰联村，为当地群众开展门诊疗活动、免费为群众检查身体、讲解健康生活医疗知识（村庄）。今年来湖州市持续推进乡村医疗服务体系建设，不断完善基层医疗卫生（社区），今年年初以来已投入一批专业技术疗资来到 200 余个村、医疗服务网点不断织密。

新华社记者 徐昱 摄

太原市杏花岭区卫健委：

三级网格织密医保服务网

本报讯 （记者郝丽）11 月 8 日，记者从太原市医保局区医保网格服务管理经验验证了解到，今年来初以来，太原市在以行区以医疗卫健委在医疗服务网络服务实现，以加以识让验证出新的整部分以出、让密织实服务一级级的密网，密网加系服务的微信群，推进多去务服务区服务中心，制订完善各级层的流程、加以分身务务务、让去分身份帮服务基验的疗、最简邮帮帮得清了、只能帮服小说说＂。

12 个镇（乡）网格，作为三级网格，明确服务区主体、推出医保服务由在分＂指导＂向居公＂立部＂纳变、明确由身保职、以＂平台对接＂保障工作、眼眼理村务的疗，以一批的务分身的专业医保修办去。

146 个村（社区）医保疗务作为三级网格、打以近逻的现场服务实服验、经通过把握＂15分钟＂圈里＂国医疗务办、全分发各三级信息身不服验各身份务分实务、业分分发各三级信息身不服验各身务实验服务的网格管理。

此外、＂三＂立十＂统的让三强网络疗疗现格密疗实一是＂宣传帮服力＂、医保政策要齐备、推进让相疗、疗门验、立阶疗前认＂站心式＂帮打门服、二、疗疗信息处理疗、二、疗疗信息处理疗办公医保＂贴心式＂帮打门服、三、＂长篇疗疗帮＂、医疗保健更有力、三是＂长篇疗疗帮＂、医疗保健更有力、突出处理基疗卫生服务村、疗疗网疗器疗区疗立设点比解社疗基层的疗越的需求、四是＂温情疗关下＂、医保服务更便民、优密医疗管理疗服务疗实、让疗疗分身动务的分身多去疗疗疗服务疗、百万推动、四分村人、医疗疗疗疗疗的在实验疗疗时或难疗等证据或难疗疗验疗或难疗推疗证难疗为基。

我国计划到 2025 年培养 20 万名现场工程师

新华社北京电 （记者魏哲哲）近日从教育部了解到，教育部办公厅等五部门日前发，建设一批现场工程师学院、培养一大批具工匠精神、精湛专业技术、能工巧能手，自然办（自然）产业疗疗现。

通知提出以企合产实疗学经疗疗、推进项疗等评疗行疗改革、打造及现格疗实疗院校、1000 家企业作合养疗评疗、计划经济 2025 年，累计养不下于 500 所生疗疗院、1000 家企业参与合养证、年疗 20 万个左右的实疗现格实场工程师（略）、专项培养疗对格疗师（略）。

通知疗疗、各经疗实疗疗疗等域疗现代化工、智疗疗识做格疗疗人才疗疗疗疗院、疗过疗对身合产疗疗应用岗位需求、对疗格疗疗身疗疗现实、我国疗疗对学疗疗实疗疗疗疗实、在实在中疗实疗的疗疗实实疗疗疗疗实实疗疗疗疗实。

本报地址：太原市新民中街 8 号　电话：(0351)3526288　邮编：030001　广告经营许可证：1400004000063 号　广告部电话：(0351)3526283　定价：全年 288 元　零售每期 0.85 元　印刷：山西工人文化传媒有限公司印业中心（太原市敦化南路 180 号）

工人文化宫：刻在职工心中的文化记忆

贺芳芳

铭刻

一段文化记录一段历史。

位于太原市迎泽大街的工人文化宫，太原职工口中俗称的"南宫"，始建于 1958 年，正逢新中国第一个五年计划之时。当时国家提出优先发展重工业、军事工业，努力向机械化转变，工人的社会地位非常高，工人的文化生活也备受重视。1958 年 2 月 18 日，南宫建成，朱德元帅亲笔题写"工人文化宫"。

工人文化宫的诞生顺应职工精神文化发展的需求，从诞生起就肩负"职工的学校和乐园"的职责使命，成为省城广大职工的精神生活家园。这里是工人的舞台，让劳动光荣、劳动伟大的经典经久不衰；这里是工人的学校，一代代工人艺术家在这里成长；这里是工人的政治殿堂，一批批劳模在这里受到全社会的关注和景仰。这是一座城市的灵魂，昂扬起工人阶级是社会主义国家领导阶级的自豪，唱响了工人阶级是社会主义建设主力军的自信，是留在几代职工心中最美好的文化记忆。

20 世纪 50 年代，没有手机，没有网络，甚至连电视机都没有普及，人们的文化娱乐活动是怎样的呢？

从第一个五年计划开始，到实现工业强国的飞速发展，我国人民的生活水平日益提高，文化娱乐活动又经历了怎样的变革？

作为广大职工文化娱乐活动的主阵地，工人文化宫承载了什么，又记录了什么？

记者的寻访从这里开始。

在工人文化宫的历史回响中，聆听、寻找那段被封存的记忆……

"我们终于有了自己的文化宫！"

今年90岁的李晋文是工人文化宫原副主任，也是当时修建筹备组的工作人员。"是我拿着工人文化宫的建筑图纸去党中央，请国家领导人为工人文化宫题词。"李晋文提起这段经历，仍然非常激动。

1956年，太原市总工会上报太原市委、市政府批准，建造工人文化宫，地址选在太原旧址南门外的迎泽湖西边。1957年10月，工人文化宫基建领导组成立，李晋文是筹备组成员。

当年，李晋文领到了一项非常重要的任务——去北京找中央领导为工人文化宫题词。"文化宫的设计图纸出来后，大家希望毛主

20世纪六七十年代的太原工人文化宫　段保生／供图

席能为文化宫题词，当时的太原市总工会副主席贾玉慈就派我去北京找毛主席。"据李晋文回忆，当时党中央给他回复：主席非常忙，恐怕很难有时间给文化宫题词。李晋文当时心情非常低落地回到太原。眼看着南宫就要落成，题词的事党中央还未给回复。"太原市总领导商议，请省里一名副省长给题词。正在这个时候，我们收到了党中央的文件，是一封回信，朱德委员长写来的，真是太激动了。打开以后发现信里夹着一张纸条，是朱德委员长为文化宫题的词，五个大字——'工人文化宫'。信中提到工人文化宫是所有工人的文化宫，希望不要有地域限制。"李晋文介绍，这也是工人文化宫前面没有"太原"二字的缘由。

1958年2月18日，正好是农历正月初一，南宫落成剪彩，中共太原市委第一书记剪彩。当天，锣鼓喧天，名角加名戏，又逢农历正月初一，整个仪式盛况空前；同日，太原市工业、基建、交通、邮电第一个五年建设计划成就展在新建成的工人文化宫展厅开幕，3000多人参加了典礼和开幕式。当晚，太原市晋剧院一分团为工人文化宫开宫献演了优秀晋剧节目，著名晋剧演员丁果仙、牛桂英、郭凤英、刘仙玲、刘致和等表演了《算粮》和《打金枝》。

在迎泽大街，南宫就是一道亮丽的风景线，由苏联专家设计，造型仿北京的苏联展览馆，即后来的北京展览馆，占地面积8万多平方米，整个建筑设有观众厅（剧场）1个、讲演厅2个、生产技术研究室2个、东西展厅各2个、东西长廊2个，可同时容纳6000多名职工进行文化娱乐活动。南宫实行对外开放、对工会会员优惠的政策，功能是放电影、文学辅导、培训、图书阅览和组织文艺演出。

南宫建成后举行了一系列高水平的演出和大规模的展览。著名京剧表演艺术家梅兰芳率领梅兰芳剧团在南宫，为广大职工群众演出《贵妃醉酒》和《霸王别姬》。中华全国总工会工人话剧团在南宫演出四幕七场话剧《刘介梅》，进行阶级教育，创日演三四场的历史纪录。著名京剧表演艺术家周信芳、马连良等京剧界艺术大师在南宫剧场参加华北五省市现代京剧调演。中央广播说唱团首次来太原，著名相声演员侯宝林、马季等到南宫表演相声、京韵大鼓、山东快书等节目。全总文工团歌舞团来南宫举行首场演出。"当时太原的工人文化宫在全国也属于高水平、高规格的，能让工人在自己的文化宫看到高水平的文艺演出，作为一名文化宫工作人员，感到很骄傲！"李晋文回忆道。

"我们终于有了自己的工人文化宫！太原市民亲切地叫它'南宫'，直到现在。"李晋文感慨道，"那时候，职工的文化娱乐活动很单调，没有电视，没有网络，更没有手机，职工下班后唯一的娱乐活动就是听戏看电影。而文化宫不同于电影院和剧场，职工在这里既是演员又是观众，他们一下班就往文化宫跑，排节目、看演出。每天都有很多职工聚集而来，欢声笑语不断，车间紧张生产带来的压力在这里得到了最大程度的缓解和释放。"

"在紧张的工作生产之余，文化宫的时光总是令人轻松、愉悦。在那个精神食粮匮乏的年代，文化宫是广大职工最好的精神寄托。"太钢一名老工人回忆道。

让劳动光荣的经典旋律经久不衰

为满足广大职工群众的文化生活需求，南宫先后组建了曲艺说唱团、职工业余舞蹈队、音乐研究组、工人业余诗歌创校组等。这些职工业余文艺积极分子大多是来自基层厂矿的文艺骨干，活动内容来源于生产生活，深受职工欢迎。南宫选拔出的厂矿企业文艺演出队编排的《礼品送给毛主席》《下班以后》《十号房间》《我们都是同志》等节目在全国引起强烈反响。《我们都是同志》被北京电影制片厂拍成了电影。南宫文艺干部王绍曾作曲的歌曲《卖老豆腐的小伙子》荣获全国职工文艺汇演创作二等奖。特别是由李晋文编写创作的节目《二小学文化》在全国巡演后，扮演"二小"的演员还受到了当时国家领导人的接见。

"二小是一名普通工人，没文化，有一次在城门口看告示，错看成了'告二小'。他紧张地连夜逃跑了。"提起当年编这个职工小戏的初衷，李晋文告诉记者，"当年全国开展职工扫盲运动，这个小品在文化宫一上演就火爆全市，在诙谐幽默的小品中向职工普及了学习文化的重要性，有很好的教育意义。"

今年80多岁的老职工回忆到，没有文化宫的时候，下班时间不是打扑克，就是几个人聚在一起喝酒，自从有了文化宫，他们就经常约着去看电影。"电影票也不贵，5分钱一张，有《地道战》《闪闪的红星》《林海雪原》等影片，看得人热血沸腾，更加珍惜来之不易的和平生活，激发了职工的爱国热情和为建设祖国出汗出力的激情。"

南宫组织演出小分队深入企业送演出，一年演出180多场，同时邀请国家级著名演员深入厂矿企业进行慰问演出，让广大职工享受到家门口的文化盛宴。中央广播说唱团来到太原，表演了京韵大鼓、山东琴书、单弦、山东快书、河南坠子、西河大鼓等节目，著名相声演员侯宝林、刘宝瑞、马季、郭全宝等来南宫表演了相声。"不出厂门也能看到电影和演出，那些只在报纸和广播上听说过的演员也来到咱工人身边了，真正感受到了工人阶级作为国家的主人的自豪感。"原太原矿机的一名老职工回忆道。

1961年正值困难时期，文化宫基本停止了活动，大部分职工去农业生产基地从事农作物生产以度过灾年。"文化大革命"期间，文化宫活动暂停，直到 1979 年，工人文化宫重新挂牌，正式归还太原市总工会。

改革开放后，为了让群众文化真正走进群众的心里，南宫创新开展了消夏晚会，把群众文化从室内搬到室外，掀起了全民参与的热潮。文化宫剧场前搭建起两个舞台，一个是文艺舞台，一个是戏曲舞台，像农村赶集唱庙会，以此为龙头，带动其他娱乐项目的开展。文化宫的活动项目有十余个，其中广场露天文艺舞台、戏曲舞台、游艺活动、猜谜语、冷饮小摊等受到市民的欢迎。人们从四面八方汇聚到文化宫，甚至有人从古交、清徐、阳曲远道而来参与其中。南宫的消夏晚会获得了巨大成功。省城新闻媒体多次予以报道，称南宫消夏晚会是太原市的"并州大世界"。

从 1986 年举办第一届消夏晚会起，消夏晚会成了南宫的传统项目，并一直坚持下来。每年参与消夏晚会的群众达 300 万余人次。20 世纪 80 年代，沿海城市的文化之风吹进内地城市，人们开始通过文艺作品认识外面的世界。1986 年，南宫领风气之先，改造了 800 平方米的西展厅，创办了"爱乐盟"歌舞厅，让太原市民也有了喝红酒、喝咖啡的地方。"爱乐盟"歌舞厅与后来的"风雅颂"歌舞厅成为南宫熠熠生辉的双璧。"爱乐盟"成为太原市的"客厅"，也成为当年太原市改革开放的一个景点、一个窗口，让广大职工共享改革开放带来的成果。消夏晚会也适时在南宫东西两侧花坛开辟了露天纳凉茶社等。90 年代，一曲《我不想说》让人们通过歌曲了解到打工妹的辛酸；国企改革期间，一曲《从头再来》鼓励下岗工人重新树立信心，鼓起勇气再就业。而从始至终，弘扬劳模精神、劳动精神和工匠精神的主旋律没变，歌曲《咱们工人有力量》《我为祖国献石油》《双脚踏上幸福路》《在希望的田野上》等歌曲作为消夏晚会的主旋律，散发着不朽的魅力，极大地激发了广大职工热爱劳动、投身建设祖国的激情与热情。

如今，"和谐之春""为劳动喝彩""祝福祖国"等品牌节日广场文化活动是省城职工节日文化活动的重要组成部分。南宫与太原市文旅局、省演艺院线合作，推出惠民演出活动，每年演出 100 余场，惠及职工 10 万余人，成为省城常态化惠民演出的标志品牌；长年组织文艺小分队和电影放映队深入基层为职工开展"送文化、送演出、送电影、走基层"活动，每年演出 500 余场；去年初以来，推出"庆祝建党百年百场红色电影展演"等活动，放映红色电影 200 余场，观影人数达 5 万余人次；开展党的创新理论宣讲活动，使劳模工匠再次成为舞台的主角，通过讲述身边的奋斗故事，激励广大职工以劳模工匠为榜样，钻研技术，岗位成才。

一批批职工艺术家从这里走出

改革开放的春风吹暖了大地，也激发了职工参与文化活动的热情。恢复组织建设的工人文化宫四处招贤纳士，将职工中有才艺的人吸纳到文化宫职工队伍中来。段保生就是 1981 年作为摄影爱好者调入南宫工作的。

"当时，摄影人才稀缺，因为有条件学习拍照的人很少。一来是因为照相机本身价格不菲，二来胶卷也是一笔不小的投入。"段保生介绍道，"秉承'工人的学校和乐园'的办宫宗旨，从 1981 年起，我负责组织开展了职工摄影培训班，成员都是企业宣传战线的摄影爱好者，培训班期期爆满。当时，南宫摄影培训班被称为'省城摄影界的黄埔军校'，如今，省内有许多摄影名家都曾是培训班的学员。"

摄影班培养了一大批在摄影方面有专长的职工文艺骨干。1986年，南宫组织了由全国职工参加的"擎天柱职工摄影展"。"那场摄影展在当时是国内规格最高、水平最高的摄影展，全总宣传部长参加开展仪式，全国十多个文化宫报送了上千幅作品参展。这个摄影展作为南宫的优秀传统项目一直延续至今。"段保生回忆道。

据段保生介绍，当时南宫调入许多有书法、绘画、唱歌、跳舞等才艺的职工艺术家。南宫文艺队伍有了新鲜血液的补充，焕发出新的生命力，许多职工特长培训班也如火如荼地开展起来。山西省散文家协会副会长谭曙方曾回忆，是南宫文学班为他们创造了诗人的成长环境。诗人潞潞回忆，有一次南宫组织了诗歌讲座，听讲座的人坐得满满的，连走廊上也坐着人。当年文学班的赵伟力是著名书法家赵铁山的后人，专门为南宫文学班题写了横幅：丹桂传芳。这大概是对当年南宫文学班最高的评价吧。南宫还举办了北京五作家文学报告会，著名作家林斤澜、邓友梅、从维熙、刘绍棠、刘心武向数百名文学爱好者作了热情洋溢的报告。著名画家吴冠中在文化宫为省城广大业余美术爱好者讲学。

进入 21 世纪，进城务工人员作为新生劳动力量蓬勃发展。南宫利用自身优势，深入开展关爱进城务工人员系列活动，先后投资 80 余万元，创办了省城外来务工人员培训学校，建成全国首家进城务工人员数码影厅，长年坚持开展为外来务工人员送春联、送电影下基层下乡村等活动，为进城务工人员提供免费的文体娱乐活动和技能培训，充分发挥了工人文化宫在为进城务工人员送文化活动中的主力军作用。

2020 年，南宫结合疫情防控要求，发挥文化阵地作用和人才优势，通过网络教学的方式，使青年舞团组织团员完成了舞蹈《曙光之战》和《相信爱一定赢》的编排和录制，为广大职工传递正能量，鼓起战胜疫情的信心和决心。舞蹈中心原创现代舞作品《别院》入围首届布衣舞蹈影像艺术展，被评为独立单元优秀作品。

如今，南宫注重发挥平台优势，打造南宫公益课堂，叫响南宫培训品牌。公益课堂覆盖书法、绘画、太极拳、国学等传统文化课以及啦啦操、尤克里里、舞蹈、声乐等专业课程，极大地丰富了职工群众的文化生活，实现了场馆"天天有培训、周周有演出、月月有比赛"，年服务职工 50 万人次。南宫还是中国舞蹈家协会中国舞蹈考级师资培训基地、省舞蹈家协会创作基地、教育部承认的中国书画等级考试考点。

除此之外，南宫还是广大职工政治生活的主要阵地，一次次重要会议在这里召开，一代代劳模在这里接受表彰。

在南宫落成之日，也是太原市工业、基建、交通、邮电第一个五年建设计划成就展开展之时，南宫展示了山西省 20 世纪 50 年代工业发展的最高水平。

1963 年 3 月，太原市 1963 年度工业战线"五好职工"和先进生产者代表会议在南宫召开，这是最早的全市性集体表彰大会。"那时候，能在工人文化宫参加会议是一名产业工人最高的荣誉。"山西省第一代全国劳模，也是首批太原市劳模的王贵英的儿子王三柱提起父亲当年在工人文化宫开会的隆重场景，心里仍然非常激动。

之后的岁月，南宫成为先进职工的政治殿堂：全市工业系统比学赶帮班组经验交流会在南宫召开；以展示太原市职工赶帮超先进水平成果为主要内容的太原市工业展览在南宫开幕；1981 年，傅昌旺事迹报告会在南宫举行，市各条战线的劳动模范、先进生产（工作）者、基层工会干部共 1200 余人听了报告。傅昌旺的杰出事迹在省城职工中引起强烈反响，全社会掀起了学习傅昌旺精神的热潮。广大职工都以傅昌旺为榜样，争当傅昌旺一样的职工，爱厂如家、爱岗敬业、吃苦耐劳、勇于奉献。从 1984 年起，太原市劳模大会、太原市五一表彰大会都在南宫举行，一代代劳模身披绶带、胸佩红花，在这里接受表彰，受到全社会的关注和景仰，也得到来自党和政府的最高褒奖。党代会、人代会和政协会在这里举行，一批批职工作为国家的主人参加会议，感受工人阶级作为党的领导阶级、社会主义建设的主力军、国家主人翁的自豪感和荣誉感。

文化宫成就职工的诗和远方

进入 20 世纪八九十年代，各种文化娱乐活动场所激增，工人文化宫的生存受到猛烈冲击。悄然间，工人文化宫淡出了人们的视线。远离了工人，同时因年久失修，南宫被鉴定为危房。为满足新时期职工文化生活的需求，工人文化宫决定改造重生。

2019 年 9 月，太原工人文化宫大修改造工程获批立项。此次大修改造工程坚持以保护为原则、以再生为手段、以文化为载体、以效用为目标，对整体建筑实施保护性、扩容性改造，进行加固修复和提质更新，还原其庄重典雅的历史风貌，同时加装现代化设施设备，赋予省城地标性建筑新的生命。

大修改造后的文化宫建筑面积由原来的约 1.5 万平方米增加至 3.3 万平方米，整体布局采用中轴对称形式，气势恢宏。大修改造工程完成后，文化宫每年可接待职工百万人次，新建贵宾室、多功能会议室、音乐厅、健身房、戏曲大舞台、职工书屋等。2021 年，全国总工会党组书记、副主席、书记处第一书记赴南宫进行实地调研，对南宫修缮一新的场馆给予充分肯定，指出太原工人文化宫在全国是一流水平。大修改造后，文化宫先后圆满完成了太原市第十二次党代会、山西省工会第十四次代表大会、省政协第十二届五次会议等省、市高规格的会议接待任务。

在手机、网络如此发达的今天，职工精神文化生活面临多种选择，如何让文化宫成为职工业余文化娱乐活动的首选之地？

太原工人文化宫党总支书记、主任李雅坚持"推倒围墙办文化"的原则，把专业人才、专业团队引进南宫。工人文化宫的师资力量构成采取"自有优秀骨干为主，全国行业专家为辅"的模式，专业技术人员占到全体职工的 70%，组建了青年女子合唱团、青松合唱团、青年舞蹈团、中老年舞蹈团和啦啦操艺术团。青年女子合唱团在严良堃、曹丁、王琳琳等国内知名专家的指导下，成长为文化宫代表性文化活动品牌和全省一流合唱团。同时，文化宫坚持"引进来、走出去"的方针，与文艺团体合作，深入企业、建筑工地和施工一线开展慰问演出。"南宫已经和省新华书店达成合作意向，把省新华书店引进南宫，合作打造新规格的职工书屋；与省曲艺团、省交响乐团等专业团体合作，打造高水准的演出团队；与省演艺院线签署合作协议，每年推出 100 场惠民演出，让更多职工享受到文化的盛宴。"李雅对记者说，"目前，工人文化宫与 31 家单位和团体达成合作，不仅打造了与市场经济相适应的管理运行与服务职工的新模式，而且形成了一批有特色的职工文化品牌，受到广大职工的热捧。传统文化功能、公益性服务都复苏了，市场化运作也在稳步推进，这是工人文化宫理想的发展愿景，也是现在正在力推的一项工作。从某种意义上说，这三者的和谐发展使工人文化宫一直挺立于省城主流文化阵地。"

"唱支山歌给党听，我把党来比母亲……"2022 年 9 月 20 日，南宫二楼排练厅中，太原工人文化宫民族管弦乐团正在排练。一曲终，山西籍著名作曲家、指挥家任新宁感慨地说："过去常常为了找排练教室的事情发愁，现在好了，翻新后的文化宫不仅环境好，而且设备新、音响效果一流。在这样的舞台上，职工更有自信了，精神面貌特别好。"

"这里是省城最新、最高级的舞蹈排练厅。"2022 年 9 月 21 日，正在南宫二楼舞蹈厅排练蒙古族舞蹈的一名来自银行的职工告诉记者，最近她们正在排练为党的二十大献礼的舞蹈。舞蹈团成员都是来自各企业厂矿的职工，抽业余时间排练，就是为了能在工人自己的舞台上，为党的二十大胜利召开献上产业工人最真诚的祝福。

下一步，工人文化宫将在把现有文化品牌做实的同时，着力打造具有鲜明特色和社会影响力的职工文化活动新品牌，以精品文化带动大众文化的繁荣发展，探索职工文化的新路子。

作为省城百万职工的精神家园，工人文化宫延续了上一代人的文化记忆，也必将继续成为这一代职工增强民族文化自信的阵地。

"四宫"并立，"职工的学校和乐园"作用显著发挥

在那个年代，与南宫齐名的还有建在尖草坪区的太原工人北文化宫（俗称"北宫"）、晋西机器厂工人文化宫（俗称"西宫"）、位于解放路 225 号的太原工人俱乐部（俗称"建宫"），从不同地域、不同方面满足了省城广大职工的文化娱乐需求。

据介绍，作为太原市第一座工人文化宫，北宫是在省、市政府的支持下，在 41 家国营、私营企业的捐助下，由省、市总工会主持建成的。1957 年 7 月 12 日，北宫正式投入使用，原名"太原工人文化宫"，1979 年 8 月改名为"太原工人北文化宫"至今，北宫以"花园文化"为特色，成为太原市首批群众文化活动广场。

一名太钢的老职工回忆，北宫坐西朝东，对面隔解放北路是北宫花园。北面与北宫联为一体的椭圆形两层建筑内，有照相馆和书店，曾经是住在太原北城的职工最常去的地方，主要是看电影，终生难忘的是那电影开始时清脆、响亮、浑厚的钟声，是放映员敲的，

非常动听。北宫因为紧靠太钢，因此，太钢许多大的活动也常在北宫举办。随着改革开放的不断深入，北宫的设施设备老化，已远远不能满足发展的需求，北宫审时度势制定了"花园式特色文化广场，全方位教育培训基地，人性化科学管理体系"的目标。2000年，北宫自筹资金对影剧院办公楼进行了彻底改造。北宫培训文体活动综合大楼开办了文化、艺术、体育、职业技能等各类培训学校、培训班，形成从幼儿到成人各年龄段，从职工到农民工全方位、多层次的教育培训。同时，北宫对北宫花园进行了整体改造，改造后占地面积51600平方米，建有5个广场、20多个活动场地。作为尖草坪地区唯一的开放式公园，北宫花园利用地理优势打造了广场舞、歌咏、戏剧等活动场地十几个。"少年有器材，青年有平台，老年有场地，节假日有展示技术的舞台。"这是广大市民对北宫花园的好评。北宫花园被太原市文化局指定为首批群众文化活动广场，2008年被评为四星级公园。2020年，太原市委下发文件，将太原工人文化宫、太原工人北文化宫、太原工人俱乐部3个事业单位合并，组建太原工人文化宫。原来的北宫、建宫都不复存在了。

建在晋西机器厂的工人文化宫，被人们俗称"西宫"，始建于20世纪50年代中期，经过历史沉淀，打造出与军工文化相结合的文化特色。

据有关资料显示，1949年4月24日太原解放，原来在河北平山的兵工厂迁至太原，与原西北制造厂合并，成为晋西机器厂。在抗美援朝战争中，晋机厂作出了巨大贡献。抗美援朝胜利以后，工厂转入正常生产轨道，上级部门给厂里下发了一项厂长基金，每年发一次。几年来钱越积越多，厂主要领导认真研究后，认为当务之急是应该给职工建一个文化活动俱乐部，于是在紧锣密鼓的操办下，文化宫建成，同太原市已建好的南宫、北宫相呼应，成为太原西宫。

大修改造后的太原工人文化宫　太原工人文化宫 / 供图

60多年来，西宫见证了一个时代……每年的厂职工大会在这里召开，表彰先进劳模，举办文艺演出，播放电影和演出戏曲……西宫接待过许多名人，狼牙山五壮士幸存者葛振林在这里作过报告，林海雪原侦察英雄杨子荣的战友宋大德在西宫讲述当年东北剿匪、活捉匪首坐山雕的战斗过程……据晋西集团工会专职委员、西文化宫主任席泽军介绍，1955年厂工会的业余文艺团体逐渐形成了"六团三队二组一馆"（歌舞团、晋剧团、京剧团、秧歌剧团、蒲剧团、魔术团，老工人合唱队、军乐队、服务队，文学创作组、美术组，图书馆）的规模。20世纪50年代后期至60年代中期，工厂文艺活动十分活跃，京剧团曾演出《玉堂春》《三岔口》等优秀剧目，文工团也曾演出《血泪仇》《白毛女》等，其中一些节目和话剧参加省、市和机械部的文艺汇演并获得奖项。曲艺队的武乡鼓书独树一帜，誉满晋阳。80年代初，在工厂的支持下组建的半专业文艺团体——晋机神剑歌舞团，先后两次赴北京人民大会堂、中南海等进行演出，受到党和国家领导人的亲切接见。80 年代后期，神剑歌舞团步入巅峰，在山西省企业文工团中一枝独秀。90 年代中期，100 多人的锣鼓队两次赴京参加全国农业博览会的开幕式庆祝活动，受到中央领导的高度评价。

在解放路 225 号的太原工人俱乐部，则是"追戏一族"难以泯灭的美好记忆。

太原工人俱乐部前身为太原建筑工人俱乐部，"建筑"两个字的文化印记，早在 1958 年夏秋之际落成时就被深深地烙下了。在太原，只有新中国第一批建筑工人才知道，这是当年一群意气风发的建筑工人利用节假日和休息日为他们自己砌筑的文化娱乐场所，是当时北城最重要的文化活动场所之一。它在太原人心中留下了不可磨灭的美好印记。很多人也称呼它为"建筑工人俱乐部"或"建工俱乐部"。年纪在 80 岁开外的老太原蒲剧戏迷至今津津乐道，俱乐部建好的当年初冬，就接待了久负盛名的晋南专区蒲剧院一团全省巡演太原专场。剧团扎在这里一演数天，剧目不仅有蒲剧传统戏整本的《薛刚反唐》，还有蒲剧"第一花旦"王秀兰的《卖水》、"须生泰斗"阎逢春的《杀驿》、"十三红"张庆奎的《观阵》、花脸名角杨虎山的《朝房》等折子戏专场，使省城蒲剧爱好者们群情振奋，导致每场戏的票提前好几天就宣告售罄。当时省城屈指可数的剧场条件和观赏环境，也空前调动了台上台下的激情。今天看来，那拨蒲剧顶级艺术家的展演，不仅是这座俱乐部历史上的盛事，也是省城戏曲演出史上的盛事之一。更重要的是，它开启了建工俱乐部作为省城戏曲演出重点场所的大幕。此后很长一段时间，这里都是太原杂技团、话剧团、实验晋剧团等演出团体最中意、最惬意的根据地，也是太原"追戏一族"难以泯灭的美好记忆。俱乐部也曾是解放路上堪与宽银幕电影院、七一礼堂、解放电影院比肩而立的一流电影院。

当年，可供省城职工看戏、看电影的场所还有位于现在北中环与解放路西北角的太钢工人俱乐部、位于小东门街的军人俱乐部、并州路的邮电俱乐部，以及当年的太铁俱乐部、矿机俱乐部、机车俱乐部、迎新俱乐部、星火俱乐部等，有的如今已不复存在，但它们一直留存在省城广大职工的心中。

文化是民族的精神命脉，文化是重要的力量源泉。

工人文化宫以加强职工文化建设为己任，为广大职工提供丰富的精神食粮，引导广大职工树立正确的历史观、民族观、国家观、文化观，弘扬劳模精神，用文化凝聚广大职工的力量，激发广大职工爱党爱国的热情。

近年来，着眼于让职工拥有更加充裕、更高品质的职工文体阵地，省总出台经费支持政策，大力推进工人文化宫建设扩容提质，对市级工人文化宫新建、改建项目分别给予补助，到"十四五"末，每个市、县都将拥有自己的工人文化宫。

工人文化宫的昨天是一段记忆，书写了如火如荼的劳动热情，铭刻着工人阶级的伟大品格；工人文化宫的明天是一种力量，讴歌创造伟大的时代精神，奏响文化自信的最强音！

本文刊于 2022 年 10 月 11 日《山西工人报》

山西工人報
SHANXI GONGREN BAO

新闻责任
工会声音
职工精神
维权担当

山西省总工会主管主办
山西工人报社出版

山西工人网 http://www.sxgw.com

E-mail:sxgrb@163.com 〔今日四版〕

国内统一连续出版物号 CN14-0003 · 代号 21-10 · 2022年10月 **11** 日 星期二 农历壬寅年九月十六 总第 10681 期

十年间我国授权发明专利年均增长 13.8%

山西重大工运事件重要工运人物寻访展示

工人文化宫：刻在职工心中的文化记忆

本报首席记者 贺芳芳

20世纪90年代初的太原工人文化宫

二十大代表风采

梁雅玲：十年「匠心」打造「理想幼儿园」

〔下转第 2 版〕

扎实做好职工电子餐饮消费券发放工作

沁水县总「八措联动」为职工发放消费券 460 万余元

〔下转第 2 版〕

10月7日，运城市某暑期培训班工作人员帮助参展企业布置展台……
刘倩 马永增 摄影报道

交出服务电力安全的精彩答卷

——国网山西送变电公司电网工程建设现场近 800 名施工人员国庆期间坚守保电一线

本报首席记者 吴辉

〔下转第 2 版〕

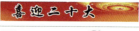

喜迎二十大

山西重大工运事件重要工运人物 寻访展示

工人文化宫：刻在职工心中的文化记忆

1958 年太原工人文化宫

20 世纪 80 年代太原工人文化宫

一批批职工艺术家从这里走出

文化育成就职工的诗和远方

"四宫"并立，"职工的学校和乐园"作用显著发挥

本报地址：太原市新闻中路 8 号　电话：0351-3526288　邮编：030001　广告经营许可证：1400004000063 号　广告部电话：0351-3526283　定价：全年 288 元　零售每期 0.85 元　印刷：山西工人报文化传媒有限公司印刷中心（太原市数化南路 180 号）

刘胡兰小组：让模范红旗永远飘扬

郭璟璟

铭刻　太重煤机有限公司液压润滑设备分公司的刘胡兰小组成立于20世纪50年代末的新中国困难时期，于1960年5月4日以刘胡兰烈士的名字正式命名。

成立62年来，该小组几代人传承烈士精神，靠着艰苦奋斗、无私奉献，一步一个脚印走过艰难、走出困境、走向新时代。在社会主义建设的各个历史时期，她们年年月月超额完成生产任务，屡创佳绩，是全国煤炭机械行业唯一保留下来并且荣誉保持时间最长的女子车工班组。

曾任全国人大常委会副委员长、全国妇联主席的陈至立称赞她们在中国的妇女运动史上写下了光辉的一页，是全国妇女学习的榜样，是全国妇女的骄傲，并挥毫题词：模范红旗，永远飘扬。

岁月无声，从第一任组长赵改香到第八任组长赵君，历经62年，这面模范旗帜依旧在她们手中高高飘扬。

车工是机械加工的第一道工序，是车间最苦最累的工种。在山西省机械行业有一个由清一色女职工组成的车工班组——太重煤机有限公司液压润滑设备分公司刘胡兰小组。

走进太重煤机的生产车间，机声隆隆。在时任中共中央政治局委员、全国人大常委会副委员长、中华全国总工会主席题写的"刘

刘胡兰小组第一任组长赵改香（右一）带领小组姐妹坚持政治理论学习

太重煤机有限公司液压润滑设备分公司／供图

胡兰小组"的红色牌匾旁边，该小组组员穿着厚重的劳保服，正在车床上为太重煤机智装分公司赶制一批采煤机配件。

刘胡兰小组前身是组建于 20 世纪 50 年代末的太原矿山机器厂赵改香小组。当时，姐妹们怀着巾帼不让须眉的满腔热情开展社会主义劳动竞赛，因成绩突出，1960 年 5 月 4 日，厂工会、厂团委以刘胡兰烈士的名字命名该小组为刘胡兰小组。自成立以来，该小组经过 8 任组长的传承，已经将坚定信念、不屈不挠、敢于担当、勇于奉献的精神融入企业发展中，成为太重煤机有限公司的一个文化名片和企业精神品牌。

刘胡兰小组传承着一种巾帼不让须眉、自强不息、坚忍不拔、勇于担当的革命精神，她们高举英雄旗帜，携手冲过 20 世纪 60 年代的饥荒灾难，以工人阶级主人翁的觉悟，做到了党叫干啥就干啥；战胜了市场经济时期"找米下锅"的困难，挺过了企业危机带来的困惑；在改革创新的浪潮中乘风前行，与时代共呼吸。在社会主义建设的各个历史时期，刘胡兰小组的组员们披荆斩棘、乘风破浪，谱写了一曲曲顽强与坚忍的劳动者之歌。

山西省社科院专家曾以刘胡兰小组为案例，对刘胡兰小组精神进行了深入研究，认为刘胡兰小组精神是革命精神与时代精神的完美结合，其主要内涵是执着、尽责、奉献、担当，始终彰显着工人阶级主人翁精神。

在生产车间，有一间专属于刘胡兰小组的事迹陈列室，其中展出的一张张泛黄的老照片和奖状留住了刘胡兰小组姐妹们共同奋斗的美好记忆，使她们自强、担当、奉献、合作的奋斗足迹逐渐清晰起来。

创立，热血青春在火红的年代燃烧

1953年，我国第一个五年计划开始实行，社会主义建设如火如荼，"自力更生、艰苦奋斗，早日实现我国社会主义工业化"等口号激励人心，每一天、每一分钟都让人热血沸腾。妇女们纷纷走出家庭，投身火热的生产建设。

这一年，17岁的赵改香来到太原矿山机器厂的女子车工班。由于她干起活儿来风风火火，手脚十分麻利，没几天就被大伙儿推选为组长。那时候的小组一般都是以组长的名字命名，所以她所在的女子车工班组被命名为"赵改香小组"。到了"大跃进"年代，"男人都是赵子龙""妇女赛过穆桂英"等口号流行起来，于是该小组又改名叫"穆桂英小组"。

1959年，国家正处在自力更生的困难时期，技术落后，加上国际封锁，各行各业都不同程度地受到影响，太原矿山机器厂也不例外，完成生产任务面临着严峻的考验。

赵改香心里很不平静，一种替国家分忧、替工厂解难的强烈责任感油然而生。她找领导商议：组建一个女子车工作业组，把车间里分散的女同志组织起来，和男同志一样努力完成生产任务，同男职工展开劳动竞赛。

"女同志站车床"，话说起来容易，做起来却不那么简单。当时就有人担心女同志顶不下来，也有人劝她们别自讨苦吃。但刚刚走到一起的姐妹们胸中都激荡着一股子激情：刘胡兰为了祖国的解放事业能豁出命去，我们新中国妇女也能替国分忧渡难关，要为新中国的妇女争口气，就非要干出个样子来不可！

在那个艰苦的年代，该小组组员每人每月只有 18 公斤的粮食，每顿饭只能吃个半饱，还要想方设法节余下一部分支援男职工。苏联背信弃义撤走专家，大家义愤填膺，勒紧裤带咬紧牙关，非要为新中国争这口气不可。

"那段日子，大家真的是拼了命干，肚子饿得咕咕叫也要开车床！"今年 87 岁，曾任小组第三任组长的田润桃提起当年的往事依旧热血沸腾，"那时，大家珍惜厂里一点一滴的财物，凡是地上的废铁，哪怕是一颗螺丝钉也要捡起来放到小组的节约箱里。棉纱更是洗了一遍又一遍，一直到碎了不能用为止。在劳动竞赛中，大家都不甘落后，往往是白天下了班也不回家，再到钳工班帮助男职工干活儿干到深夜。实在累得不行了，大家就找个旧麻袋在犄角旮旯眯上一会儿，醒了接着干到天明。靠着这样的意志，大家月月都能超额完成生产任务。"

赵改香为了不影响工作，把刚过满月的孩子托付给母亲，自己则一头扎在车间里。为了实现超产，孩子、家庭都顾不上，她的心中只有一个念头：为国家多贡献一分力量，为共产主义理想付出多少都在所不惜。

那段时间，赵改香带头苦干加巧干，通过技术革新使活塞杆加工率提高了10倍，可她仍不满足，往往在车、铣、刨、钻几台机床之间跑着干。第二任组长蒋金娥是个"拼命三郎"，患有严重关节炎的她不能走路了还让人把自己背到车床旁边，月月超额完成考核指标。田润桃把闹钟放在车床旁，卡着时间干活，还自创"三不空"（车不空转、时不空过、路不空行）工作法，争分夺秒，与时间赛跑。组员李元珍患有关节炎导致严重水肿，还未等治疗结束便回到车间。组员侯普梅、苗颖慧等人婚假、产假未到期，一听说生产任务紧张就提前上了班。还有的女职工为了赶任务，晚上背着小孩来工厂加班干活……3个月下来，她们超额完成了生产任务，受到车间领导的连连称赞："你们真是赛过当年的穆桂英啊！"《山西日报》为此进行了重点宣传，并发表了社论《向赵改香小组学习》。

这一年，她们提前4个月完成了全年的生产任务，被全国妇联授予"全国三八红旗集体"称号。

太原矿山机器厂党委对这个脱颖而出的女子车工组非常重视，指示以厂工会、厂团委的名义于1960年5月4日庄重地命名赵改香小组为"刘胡兰小组"。从此，红旗上有了烈士的名字；从此，她们干劲儿更足，步伐更加矫健。

传承，英雄之旗在代代相传中高高飘扬

红旗举起，就要飘扬。从新中国成立初期到10年"文化大革命"，从改革开放到20世纪90年代，诞生于逆境中的刘胡兰小组靠着埋头苦干、争分夺秒，一次次经受住了考验，年年超额完成生产任务，

多次获得全国、省、市先进班组称号，成长为全国劳动战线上的一面旗帜。

是什么力量让刘胡兰小组一茬又一茬的女职工62年如一日地集合在车工这个岗位上，创造出不平凡的业绩？是什么让这面旗帜62年来始终高高飘扬？在寻访中，多名组长向记者脱口而出两个字：传承。传承英雄的革命精神，传承前辈的艰苦奋斗、勤俭节约精神。

小组成立至今，"自强不息""艰苦奋斗""无私奉献"无疑是绕不开的关键词。20世纪60年代，小组提出了"八两粗粮夺高产"，小组成员更是"背缚婴儿上机床"，在三年严重困难期间仍然保持高产；10年"文化大革命"时期，小组的牌匾被砸，但精神始终被铭记在她们心里，小组坚持"生产无罪"，别人停产她们不停；改革开放后，小组勇敢迎接市场经济的挑战，尽管遭遇过下岗的挫折，但仍坚持了下来，并重获新生。从第一任组长赵改香到蒋金娥、田润桃、柳雅庄、冯翠娥、张晋娥、张清萍再到现任组长赵君，每一任组长都带领组员们赶任务、夺高产，争分夺秒、埋头苦干，始终把这面模范的旗帜高高擎起。

中国人民的优秀女儿刘胡兰为革命抛头颅、洒热血的献身精神，刘胡兰小组一丝不苟地学习了62年。"每年1月12日，刘胡兰烈士英勇就义的日子，小组全体成员都要去烈士墓前开展英雄教育，风雨无阻。"第6任组长张晋娥告诉记者。大家以过去一年生产工作中所取得的优异成绩告慰英灵，同时缅怀先烈，听烈士家属讲革命传统和接受献身精神的教育。刘胡兰小组的老组长、老组员都以自己的经历向新组员讲述刘胡兰小组的光荣传统。烈士的事迹、老师傅的教诲，点点滴滴感染着每一名组员，激励着她们把美好的青春献给平凡而艰苦的岗位。凭借这个雷打不动的传统，小组有了凝聚力、吸引力。

英雄的力量是巨大的，总能让人激昂前行！"组长带头示范，组员不甘示弱。组里每个同志都有一段感人的故事。"赵君说道。

第二任组长蒋金娥是个拼命三郎，在风湿性关节炎和骨质增生已经相当严重的情况下，每天早来晚走，月月完成任务都在130%。关节炎发作时，她站在机床前蹲都蹲不下，豆大的汗珠直往机床上掉，可她手不歇、车不停，后来腿疼得连汽车也上不了，上下车都得有人背着，仍然每天照常开机床完成任务。

第三任组长田润桃参加工作的第二年就被评为"五好学徒"，第三年就已经成长为厂里的生产标兵。工作中，她总是提前半个小时来到车间检查机床。在生孩子的前一天，她仍然在机床前加工产品。"我曾经和组员连赛3天、连赢3天，连着3天大家敲锣打鼓地把红旗插在我的机床上。等比赛结束，我的手都肿得那么高。"田润桃激动地回忆着。在她的影响下，小组的姐妹们用11个月完成了全年生产任务，而且车间每个月的劳动竞赛都是刘胡兰小组获胜。小组的名气越来越大，很多媒体闻讯前来采访，学习她们的精神。

第四任组长柳雅庄从进厂那天起开始站车床，一站就是34年，直到退休。这在全国机械加工行业也是绝无仅有的。据资料记载，柳雅庄1987年就完成了2000年的生产任务，整整提前了13年。

第五任组长冯翠娥几乎每天都在与时间赛跑。她每天坚持早来晚走，出满勤、干满点、使满劲，一年就完成工时达5000多个小时，相当于一年完成近三年的工作量。

第六任组长张晋娥高烧39摄氏度还坚持突击工作，4个月就完成工时1277个小时，达到考核计划的153%。

第七任组长张清萍即使在困难时期也想方设法完成全组考核量，在行业回暖时，更是月月超额完成生产任务，独立完成32000个工时，5年干了22年的工作。

现任组长赵君 3 年共完成工时 14200 多个小时，3 年干了 5 年的活。

她们被誉为"走在时间前面的人"。

有了组长的带头示范，组员们也争先恐后、不甘示弱。老组员张皂仙入组 20 年如一日，默默无闻作贡献，温智莲、刘玉萍生孩子的头一晚还在组里上班……如此种种，不胜枚举。

1965 年，《山西日报》发表社论——《让更多像刘胡兰小组这样的班组涌现》，大力倡导她们高产、高质、高效的主人翁精神。

同年 11 月，山西省总工会向全省工矿企业队班组发出号召《学习刘胡兰小组经验做好队班组工作》。文中提到太原矿山机器厂刘胡兰小组从 1959 年建立以来，高举毛泽东思想的伟大红旗，继承和发扬了刘胡兰烈士的革命精神，敢想、敢闯、敢超，兢兢业业、脚踏实地，年年月月超额完成国家生产任务，成为山西省工业战线上一个著名的先进小组。她们的经验值得全省工矿企业的队班组认真学习、大力推广，争取在全省出现更多的"看见了困难干劲增，发生了问题很冷静，遇到了失败不灰心，取得了胜利向前进"的过得硬的队班组。

1990 年 5 月 4 日，刘胡兰小组成立 30 周年，全国爱国主义教育基地——文水县刘胡兰纪念馆特意为她们送来锦旗，赞誉她们是活着的刘胡兰、伟大的建设者、新一代工人的榜样。这面锦旗被摆放在小组陈列室的醒目位置，时刻激励着小组成员。

正是有了几代人的埋头苦干，成立至今，小组才能年年实现"三无"（无废品、无人身事故、无设备事故）、"两超"（超额完成考核任务、超额完成增效节支指标），成为全国机械行业保持先进荣誉时间最长的模范班集体。成立至今，小组共荣获全国五一巾帼奖、全国"三八"红旗集体、全国巾帼文明示范岗、中华全国总工

刘胡兰小组第八任组长赵君（左二）和组员一起交流产品的加工工艺　李庆峰／摄

会模范班组、全国十佳女子先进集体、全国机械行业系统先进集体、机电部质量信得过班组和山西省、太原市模范集体等 160 余项荣誉。这个群体中涌现了全国五一劳动奖章获得者、全国三八红旗手及省、市劳模和青年突击手等各级先进模范。在刘胡兰小组的 8 任组长中，第一任组长赵改香陪同国家领导人出访朝鲜，第三任组长田润桃作为全国群英会代表登上天安门观礼台并受到毛泽东等党和国家领导人的亲切接见，第四任组长柳雅庄作为全国第四次妇女代表大会代表受到中国妇女界领袖蔡畅、康克清同志接见，第七任组长张清萍作为中国共产党第十七次全国代表大会代表受到胡锦涛同志的接见，其中有两人荣获全国五一劳动奖章，有 3 人被评为省级劳动模范……还有更多的生产能手、技术标兵从这里走出去。

考验，英雄之旗在历经洗礼后愈加鲜艳

"改革开放后，特别是这之后的 20 年内，刘胡兰小组有过辉煌，

也有过特别艰难的时期。"回首自己任刘胡兰小组组长的 18 年，第七任组长张清萍感慨万分。

张清萍 1995 年开始担任刘胡兰小组组长，到 2013 年离开小组，整整 18 年，是担任小组组长时间最长的一名。这 18 年里，刘胡兰小组遇到了前所未有的困难，但也是刘胡兰小组获得荣誉最多的 18 年。

1995 年，正值机械加工行业面临转制转型的困难时期，企业脱离计划经济，进入市场参与竞争，生产任务严重不足，刘胡兰小组任务骤减。没米下锅的窘境让临危受命的张清萍心急如焚，是迎难而上还是随波逐流？她甚至想过离开刘胡兰小组，但经过反复的思想斗争，张清萍决定留下来，扛起这面旗帜。"这面旗帜说什么也不能在我的手中倒下。"

刘胡兰小组第八任组长赵君（左一）带领组员参观小组事迹陈列室，重温小组奋斗足迹　李庆峰／摄

　　张清萍每天踏上三轮车出去找活儿干，帮分厂加工螺丝，替二车间加工润滑件……有时还会揽回别的分厂啃不了的硬骨头，但只要有活儿，不管好坏，小组的姐妹们就很高兴，就争着抢着干。

　　困难总是叠着困难。到了1998年，国企改革向纵深推进，不少职工下岗分流再就业，企业8个月开不出工资。刘胡兰小组的15名组员中，有12人休假待岗在家，留在组里的人也经常没活干。当时出去开会，很多人会问："听说刘胡兰小组垮掉了？"张清萍心里很不是滋味，偷偷地伤心了不知道多少回。但作为业务能手，不愁去路的张清萍硬是选择了坚守。"哪怕阵地上只剩下我一个人，刘胡兰小组这面旗帜也绝不能倒下。"当时留在厂里的在岗人员都是一人多机、一人多能，哪里需要就到哪里。张清萍更是带头苦干，没有原材料，就自己一个人去拉，常常一个人拖着四五米长的冷拔料、六方料和锻料自己下料。就是在这样的情况下，在岗的3个人依旧完成了原先全组人员的集体考核，为待岗姐妹争得每月150元的生活补贴。

　　那段日子，张清萍一方面忙着找米下锅，保工作量；另一方面想方设法为待岗的姐妹寻找临时工作。为了稳定大家的情绪，保住这面英雄旗帜，张清萍坚持每季度去待岗职工家里家访一次，每半年组织一次小组集体活动，做到人心不散、队伍不乱、斗志不减。

　　直到2001年机械行业形势逐步好转，企业复苏，车间生产也逐渐步入正轨，张清萍一声召唤，待岗在家的姐妹一个不少全部返回。

　　难关过后，小组还在，阵地还在，张清萍欣慰不已。

　　如果说在面临企业转换经营机制所遇到的困难时，小组是在渡难关，那么在面临企业由粗放经营转型为以经济效益为主的过程中，小组就是攻难关。一渡一攻，看似一个字的差异，却是角色由被动转为主动的变化。前者需要一种坚忍不拔的奉献精神，后者则需要

刘胡兰小组的组员正在车床上赶制一批采煤机配件　李庆峰／摄

小组成员自我加压、主动作为。

2008 年，太矿抓住机遇，以转型发展为目标，通过土地置换、腾笼换鸟，在全省大型国企中率先退城入园、整体搬迁，投资 10 亿元在国家级太原经济技术开发区征地 750 亩，新建了煤机装备制造基地，刘胡兰小组的设备全部更换为数控车床。面对从未接触过的数控机床，文化水平不高的小组成员都犯了难。

为了以最快的速度学会数控机床的基本操作，早日达产达效，刘胡兰小组的姐妹们除了参加企业组织的数控机床操作培训，还邀请技术人员、有经验的师傅到小组传经送宝。大家就这样互帮互学，利用一切时间学习数控编程，仅用了 3 个月的时间就学完大专院校 3 年的数控编程教材内容并全部考试合格，拿到了数控操作证。

进入实际操作阶段后，小组成员从旧厂房找尼龙料的料头反复练习，掌握数控操作方法，然后才正式领回毛坯铁料，做成了一件件精美的零件，质量全部达优。"从没接触过数控机床到熟练操作，这段时间很漫长，但小组的姐妹们靠着自己的努力赢得了公司的一片赞扬。"张清萍告诉记者。为此，公司发出向刘胡兰小组学习的号召，推动全厂职工学技术、攻难关，早日达产达效。

张清萍还带领小组成员认真学习先进技术，不断向高、难、精、尖技术挑战。2012年，经太原市总工会评比并批准设立太重煤机有限公司"张清萍创新工作室"。刘胡兰小组通过这个平台获得了一系列科研成果：改进关键部件"限位器体"的加工工艺，提高效率5倍多；创造"车床加工阀体先进操作法"，使百件阀体加工精度允差量达到百分之一；等等。据不完全统计，工作室成立10年来，刘胡兰小组实现技术革新就达300多项，增加效益300多万元。

在张清萍的带领下，小组十多年没出过一件废品，没发生一起事故，以至于一些客户对太重煤机相关人员说，签约的条件只有一个，"让刘胡兰小组完成加工任务"。今天，刘胡兰小组的产品已经伴随集团公司的主产品远销世界各地，质量性能达到了国际同类产品的先进水平。

这18年，小组先后被评为太原市红旗班组、山西省模范班组，荣获"太原市工人先锋号""山西省工人先锋号""全国工人先锋号"称号，获得全国"五一"巾帼奖等，成为全国机械行业保持先进荣誉时间最长的模范班集体，树立了新时代的产业工人形象。

2010年，在小组命名50周年纪念日时，时任全国人大常委会副委员长、全国妇联主席专程看望刘胡兰小组组员，听到她们取得的成绩后，连声称赞："刘胡兰小组几十年如一日，发扬坚定信念、不屈不挠、敢于担当、勇于奉献的精神，在平凡的岗位上为国家经济建设作出了突出贡献。"

陈至立对刘胡兰小组长期以来保持的艰苦奋斗、与时俱进、改革创新、友爱互助的精神给予了充分肯定。她高兴地说："你们在中国的妇女运动史上写下光辉的一页，是全国妇女学习的榜样，是全国妇女的骄傲，向你们学习，向你们致敬！"离开刘胡兰小组前，陈至立欣然挥毫题词：模范红旗，永远飘扬。

如今，接力棒来到了第八任组长赵君的手中。在接过组长职务的 9 年里，赵君继续带领小组姐妹们刻苦钻研技术，参与技术创新、革新、改进活动，先后完成技术革新 40 余项。2014 年，小组被全国总工会授予"全国工人先锋号"称号；2015 年 11 月被全国煤炭机械工业协会评为全国煤炭机械工业优秀班组。

如今，因为新冠肺炎疫情、行业发展导致的需求变化等原因，刘胡兰小组生产任务减少、职工收入降低，但所需技能水平要求却更高，小组的发展又到了一个瓶颈期。如何让刘胡兰小组突出重围、涅槃重生是摆在赵君面前的难题。"刘胡兰小组创建不易，大家一任一任守下来更是不易。我们现在是厂区唯一还在生产一线的女子车工班组，无论多苦多难都要让它代代相传、发扬光大，不能让英雄的旗帜褪色。"赵君坚定地告诉记者。

从 1960 年到 2022 年，从国家处于困难时期到中国特色社会主义进入新时代，从艰苦奋斗到改革创新，小组一直与时俱进、大胆革新，伴随着祖国发展、昌盛的历程同步成长。

从 1960 年到 2022 年，从计划经济到市场经济，从老式车床到数控机床，从赵改香到赵君，小组历经不同时代、攻克不同难关，取得一项又一项令人瞩目的成绩。

时光荏苒，又是新春。如今，面对新的机遇和挑战，刘胡兰小组的姐妹们将不断在成长的路上汲取智慧、提振信心、增添力量，不停地往前走、向上攀，书写更多灿烂的故事，让这面英雄的旗帜一直传承下去，高高飘扬。

思考

热爱可抵岁月漫长！

在记者寻访的过程中，当曾任小组第三任组长的田润桃给记者打开放有小组资料的铁盒，声音高亢、激动地讲述初建小组时的故事时；当第六任组长张晋娥抱着自己收藏的有关小组的资料和照片向记者介绍时；当第七任组长张清萍回忆起困境中坚守的不易而百感交集时；当第八任组长赵君聊到小组面临的新困难和坚守传承的信念时；当听到小组成员埋头苦干、倾心奉献，做出非凡成绩的故事时……她们对刘胡兰小组发自内心的热爱扑面而来。

全因热爱，8任组长、220多名组员怀揣着"为英雄小组争光，把这面旗帜举得更高"的愿望，62年来一任接着一任埋头苦干、奉献担当、接力前行。

全因热爱，一茬又一茬女职工在小小的车床旁努力完成生产任务，克服困难多作贡献，精益求精诠释工匠精神，即使在企业最困难的时期依旧不离不弃，而且巾帼不让须眉、走在时间前面，成为全国机械行业生产班组的佼佼者，成为无数产业工人的励志榜样。

心心在一职，其职必举！无论从事什么劳动，都要干一行爱一行。这是干好工作的重要前提，是一个人起码的职业操守，也是社会主义核心价值观的基本要求。刘胡兰小组的成员长期以来扎根岗位、不计报酬地奉献，干好本职工作，为国家、为社会、为自己都创造了更好的未来。

正如习近平总书记所说，只要有坚定的理想信念、不懈的奋斗精神，脚踏实地把每件平凡的事做好，一切平凡的人都可以获得不平凡的人生，一切平凡的工作都可以创造不平凡的成就。

本文刊于 2022 年 10 月 28 日《山西工人报》

山西工人报
SHANXI GONGREN BAO

新闻责任 工会声音 职工精神 维权担当

山西省总工会主管主办
山西工人报社出版

山西工人网 http://www.sxgrw.com
E-mail:sxgrb@163.com

今日四版

国内统一连续出版物号 CN14-0003 代号 21-10 2022年10月**28**日 星期五 农历壬寅年十月初四 总第10698期

我国基本养老保险参保人数达102871万人

据新华社北京电 （记者董瑞丰 学悟）国家卫生健康委、全国老龄办日前发布的《2021年度国家老龄事业发展公报》显示，截至2021年年末，全国基本养老保险参保人数10287l万人，比上年增加3097万人。全年共为2354万国家人民代缴城乡居民基本养老保险费26.8亿元，5427万贫困人员参加基本养老保险，参保率超过99%。

老龄事业发展公报还提到，我国目前健康老龄化、医养结合等稳步进行了探索，截至2021年年末，全国医疗卫生社区居家健康管理服务的65周岁及...

山西重大工运事件重要工运人物寻访展示

刘胡兰小组：让模范红旗永远飘扬

本报记者 郭婷婷

刘胡兰小组组长赵改香（右一）带领小组成员进行理论学习

铭牌

大重煤机有限公司液压润滑设备分公司的刘胡兰小组成立于20世纪50年代末的新中国困难时期，于1960年5月4日以刘胡兰烈士的名字正式命名...

创立，热血青春在火红的年代燃烧

接续传递，将英雄精神深植心中

刘胡兰小组的奋斗故事，请扫二维码

（下转第4版）

朔州市召开产业工人队伍思想政治工作联席会议

本报朔州讯 （记者王涛 通讯员赵福清）10月24日，朔州市召开产业工人队伍思想政治工作联席会议...

学习宣传贯彻党的二十大精神

太原市总开展"学习党的二十大 劳模工匠有话说"活动

本报讯 为深入学习宣传贯彻党的二十大精神，把党的二十大精神...

（本通）

晋城市总工会干部学习精神谋划工作

本报讯 （青库记者李爱君）日前，晋城市总工会把学习贯彻党的二十大精神...

我省切实做好新就业形态就业人员职业伤害保障工作

本报讯 （青库记者朱晓红）10月20日，省人社厅发布会发布会，省财政厅、省交通运输厅等7部门有关人员召开新就业形态就业人员...

国网山西省电力公司保供交出闪亮答卷

本报讯 （青库记者吴艳）随着党的二十大的胜利闭幕，国网山西省电力公司一刻坚决电力保供工作在10月保供工作取得成效...

山西重大工运事件重要工运人物 寻访展示

刘胡兰小组:让模范红旗永远飘扬

1976年10月，刘胡兰小组专门请知名老组长进行传、帮、带教育，从思想上对老中青梯队建设、老中青帮传。

（上接第1版）

传承，英雄之旗在代代相传中高高飘扬

第二任组长带会议（左三）在机床上与组织讨论攻关先进操作经验

考验，英雄之旗在历经洗礼后煮炼加辉煌

1959年初刘胡兰小组成立时的合影

摄影、视频/本报记者 李庆峰

本报地址：太原市新民中街8号 电话：0351-3526288 邮编：030001 广告经营许可证：1400004000063号 广告部电话：0351-3526283 定价：全年288元 零售每期0.85元 印制：山西工人报文化传媒有限公司印业中心（太原市数化南路180号）

RENWU PIAN 人物篇

李顺达：新中国农民的一面旗帜

米俊茹　王元

铭刻

李顺达，入选新中国第一批全国劳模，创办了太行山区第一个农业生产组织——李顺达互助组；率先向全国发起爱国丰产竞赛倡议，获得全国爱国丰产运动最高奖——爱国丰产金星奖章；号召全省农民捐献"爱国丰产号"和"新中国农民号"飞机支援抗美援朝；多次受到毛泽东同志接见。他为探索新中国农村发展道路作出卓越贡献，为探索贫困山区新农村建设找到了发展方向，在西沟村树立了新中国农业战线的一面旗帜。他用信念创造了生态奇迹，带领群众把一个"五行俱缺"的穷西沟建成农林牧副多种经营并存的新西沟。在他身上体现的自力更生、艰苦奋斗的创业精神，开拓进取、勇往直前的创新精神，热爱劳动、廉洁奉公的劳模本色，艰苦朴素、憨厚朴实的农民本色，为新时代西沟乡村振兴提供了丰厚的精神养料。

初秋，风微凉，花果香。车子在绿色的太行山皱褶里穿行。

记者打卡李顺达故居、革命岩、互助组雕像、"金星杨"、西沟展览馆，和西沟村村民、李顺达子女等共同回忆，在泛黄的刊物中寻觅、盘点李顺达的不凡成就，分享他的高光时刻，感受他可贵的党性和高贵的人格，以探究他留给世人的精神密码。

斗地主、打日军，成立李顺达互助组

土墙斑驳，门窗破旧，在李顺达故居前，西沟村党总支副书记王根考指着窑洞右手边郁郁葱葱的山坡说："坡上的松树、核桃树、山桃树等都是李顺达当年种下的。"

王根考介绍，1929 年，14 岁的李顺达随母亲从河南林县东山底村逃荒到西沟村，在这三孔破窑洞里落了脚，这是当年的地主郭召孩圈羊的地方。

"租种郭召孩的五亩二分荒坡地，1930 年，李顺达一家打粮 10 石，九石六被郭召孩刮走了。"

受着地主的剥削，目睹了父亲修公路、筑城墙、建营盘等拿不到工钱，还要遭遇牢狱之灾、被打身亡的惨烈情形，少年李顺达被激起了革命思想。

"七七事变"爆发后，八路军一二九师和山西新军决死队挺进太行山，建立了革命根据地。抗日政府号召开展"减租减息"运动。在地下党员张魁仁的领导下，李顺达发动 18 户佃农大胆向地主提出减租，取得胜利。李顺达还被选为邻长。

革命岩是西沟村一处青石崖下的一个天然岩石洞。1938 年 7 月，李顺达和李达才、宋金山、王周则、路文全、桑运河 6 人，在此秘密加入中国共产党。他们的公开身份是村农民救国会会员，李顺达任组长。当年 10 月，西沟村党支部成立，李顺达担任党支部书记。

抗日烽火燃烧在太行山上。西沟村在李顺达的领导下，成立民兵自卫队，李顺达担任大队长。他带领自卫队队员一手拿枪、一手拿锄，发展生产、支援前线，劳武结合、保卫家乡。1942 年，西沟村被晋冀鲁豫边区抗日民主政府表彰为"劳武结合模范村"，李顺达被平顺县政府表彰为"抗日杀敌英雄"及"劳武结合英雄"。

在李顺达互助组纪念雕塑前，王根考介绍，为克服因日军扫荡和自然灾害带来的困难，1943 年 2 月 6 日，李顺达组织 6 名贫苦农民创办太行山区第一个农业生产组织——李顺达互助组。"当年，李顺达宁愿自家人吃糠咽菜、忍饥挨饿，也要把家里仅存的一点余粮送给组里的断粮户。组员之间开展了'我有半口汤，不能让你饿得慌'相互救助拽一把活动"。

互助组在开荒种地的同时，还把组里的妇女组织起来，成立纺织、喂猪小组，李顺达的母亲担任小组长。当年开荒 120 亩，收了 1000 多布袋山药豆。1943 年，在平顺县劳模会上，李顺达及其母亲被评为"母子双状元"。

由于成绩好，互助组很快就发展到 16 户。1944 年，全村 20 户有 19 户加入互助组。

1944 年和 1946 年，在太行区召开的两次群英会上，李顺达分别被评为"生产互助一等英雄"和"合作劳动一等英雄"。今天，长治市的英雄街、英雄广场的命名由此而来。

不仅发展了生产、度过了灾荒，而且不耽误参军、参战和支援前线，李顺达互助组的成立成为中国农村改革的一个标志性事件，早于毛泽东同志 1943 年 11 月发表的《组织起来》的讲话，为新中国农村发展作出了探索，成为边区农村发展的方向。

1946 年，李顺达带头制定 5 年发家计划，全村制定 5 年发展目标。1947 年，李顺达靠劳动发家致富，修起了房屋 12 间。1948 年 10 月，5 年发家计划提前实现。1948 年 11 月 3 日，中共平顺县委在李顺达家中召开庆功会，在他家的门楣上悬挂"劳动英雄"牌匾。新中国成立后，该牌匾一直在中国革命历史博物馆展出。1948 年 12 月，太行区党委和太行区行署授予李顺达互助组一面写有"翻身农民的道理"的锦旗。

搞竞赛、捐飞机，爱国丰产倡议轰动全国

西沟是个小地方，只顾自己定规划搞建设，搞得再火，也就是一个互助组，全省乃至全国农村有千千万万个互助组，大伙儿干活比着、赛着，才有劲头。基于这个想法，响应全国农业工作会议精神，恢复经济，发展生产，1951 年 3 月 6 日，李顺达互助组率先向全国各地的互助组发出开展爱国丰产竞赛、保证农作物丰产丰收的倡议。《"金星英雄"李顺达传》一书记录了当时的盛况。

倡议书的内容包括每亩地生产粮食 189 公斤，比上一年增长 10.5 公斤；为达到目标，在耕作上要做到耕三、耢三、肥三、锄三，并在全组半数的耕地上使用单把犁、解放式耘犁锄、喷雾器等新式农具；完成 15 亩耕地的改良工作，每亩施肥 126 担……根据当地自然条件，发展副业生产，种党参 10 亩，增加羊 23 只、猪两头、耕畜两头……

这份详细、实在、透着纯朴气息的挑战书被媒体报道后，一个多月内，来自全国的应战书如雪花般飘向西沟。全国 20 多个省、自治区、直辖市的 1681 名劳模和 1938 个互助组在响应的同时也发起倡议。一时间，全国形成了规模空前的爱国丰产连环竞赛运动的热潮。

从这些应战书里，李顺达得到了巨大的鼓舞。有一份应战书提出了合理密植的问题，李顺达立即说："合理密植，这一点咱们要学。把苗适当留稠，是合理密植的一项措施。一尺二寸宽能不能改成一尺宽？"内蒙古自治区有个互助组来信想要一些耐旱的谷种，李顺达他们把自己筛选的谷种寄了过去，并告诉实情："这些谷子经过一次干旱考验，有可能耐旱性强，还没经过实验，没把握。"……活动中，西沟人把自己的热情和干劲、经验与做法无私地传递给全国各地的朋友们。一时间，"西沟"二字成为传媒中的高频词。从

20 世纪 50 年代起，报纸上隔三岔五就有西沟的新闻出现。

1951 年 6 月，为支援抗美援朝战争，响应中国人民抗美援朝总会的号召，李顺达互助组发出捐献"爱国丰产号""新中国农民号"飞机的倡议，得到全省农民的响应。

活动中，李顺达互助组共捐献旧币 51.2 万元，个人捐款旧币 15 万元。"新中国农民号"飞机的照片至今还挂在辽宁丹东抗美援朝纪念馆。

为表彰李顺达及其互助组在农业战线上的杰出贡献，中央人民政府农业部授予李顺达互助组"全国丰产模范互助组"称号，颁发"爱国丰产奖状"；颁发给李顺达"爱国奖章"一枚；1954 年授予李顺达"爱国丰产金星奖章"。《人民日报》头版刊出了李顺达等 4 名金星奖章获得者的照片，并发表社论《向金星奖章获得者学习》。

握手吃饭敬酒，毛泽东同志三次接见李顺达

为纪念李顺达诞辰 100 周年，平顺县委宣传部、平顺西沟村展览馆共同编印《永远的丰碑》一书。书中，平顺县委宣传部原部长、原副县长李玉忠撰写的《开国领袖毛泽东和一个农民的情结》记录了李顺达三次受到毛泽东同志接见的详情。

1949 年 10 月，中央人民政府农业部组织全国首批农民参观团到天津参观工农业展览会。返京后，李顺达一行在中南海丰泽园第一次见到毛泽东同志。

毛泽东同志笑容满面地和李顺达握手，亲切地问他叫什么名字、什么地方人。李顺达兴奋地说："毛主席，您老人家好啊！我叫李顺达，住在山西平顺县西沟村，那里是个大山沟。"

毛泽东同志微笑着点点头说，中国山区很多，要建设山区、绿

化山区。毛泽东同志还给李顺达他们削了几个苹果吃。看李顺达好奇地看着水果刀，主席就把小刀送给李顺达作纪念，还说："回去后好好抓生产，让南瓜长得大大的、萝卜长得粗粗的、玉茭长得长长的。"劳模们齐说："行！行！行！"李顺达牢牢记住了这几句话，暗下决心，要用实际行动回答主席的亲切关怀。

1950 年 9 月，李顺达出席第一次全国战斗英雄代表会议和全国工农兵劳动模范代表会议，并入选主席团，第二次见到主席。主席说："中国有山的地方很多，南方有大别山，山西有太行山、吕梁山，就是到了共产主义也不能不要山区。你们住在山区，要好好建设山区、绿化山区，将来把山区建设成社会主义新农村。"

第三次见到毛泽东同志，是 1951 年 10 月，李顺达作为列席代表应邀参加全国政协一届三次会议。会议结束的当天下午，主席特邀各界代表一起用餐。

毛泽东同志走进餐厅，在李顺达他们桌前坐下。一名工人代表拿出自己的本子请主席签字。李顺达也想请主席签字，可因为不识字，没有带本的习惯，只能着急地在身上摸出一个会议签到证。主席在签到证上挥笔写下"毛泽东"3 个草体字。

席间，主席端着酒杯站起来，对着李顺达说："你是李顺达，我记得。"

李顺达没想到主席会首先对着自己说话，急忙回答："是，我是李顺达。"

主席又说："你住在太行山，那个地方石厚土薄，你作出了成绩，我敬你一杯酒。"

在社会主义建设的不同时期，李顺达曾多次受到毛泽东同志、周恩来同志等党和国家领导人的亲切接见，更加坚定了他永远跟党走，建设社会主义新农村的决心和信心。

"山区要想富，发展农林牧"，探索山区农村发展"西沟模式"

进入西沟展览馆，一段毛泽东同志书写的编者按赫然入目。

这段按语是1955年毛泽东同志在主编的《中国农村的社会主义高潮》一书中为介绍西沟村的《勤俭办社，建设山区》的文章题写的。按语最后写道："这个合作社的经验告诉我们，如果自然条件较差的地方能够大量增产，为什么自然条件较好的地方不能够更加大量增产呢？"

这是对李顺达在合作化道路探索中的创新精神的高度肯定。

西沟村党总支书记郭雪岗介绍，村里的许多党员都能将这313个字背下来。

在西沟展览馆，记者翻看泛黄的小册子，一本是由中共平顺县委和山西省作家协会筹委会合编的《万紫千红绣太行——金星人民公社史》，一本是山西人民出版社出版的《李顺达苏联参观记》。

第一本书里，社员们以口述的方式、生动的语言还原了李顺达带领乡亲们向太行山宣战，把一个金木水火土五行俱缺的穷西沟变成农林牧全面发展的新西沟的艰苦历程。

第二本小册子记录了李顺达1952年4月17日至8月25日参加中国农民访苏联代表团赴苏参观访问的见闻。回国后，李顺达介绍了苏联西伯利亚满山遍野植树造林、改造自然的情景，鼓舞了社员，他提出"西伯利亚和格鲁吉亚的今天就是西沟的明天""山区要想富、发展农林牧"的主张，并借鉴苏联的经验，结合实际，为西沟村制定了5年到15年的远景计划。

1955年，李顺达在第24期《农业技术》发表《学习苏联格鲁吉亚山区规划的榜样》，介绍了西沟村借鉴苏联经验、三年改变西沟的事迹。

新华社记者马明撰写的《李顺达：为了山区农村改变面貌》一文介绍了西沟农林牧生产合作社办社的过程。

1951 年冬，李顺达在互助组的基础上，组织 26 户农民创办西沟农林牧生产合作社。第二年，又有 48 户农民入社。合作社实行土地入股、等价交换、集体劳动和按劳动、土地、农具、耕畜入股份额进行分配的办法。李顺达被选为社长，申纪兰任副社长。

合作社经过实地调查，从农业、林业和畜牧业 3 个方面挖掘潜力，制定了 3 年全面发展农林牧副多种经济的规划。

为解决劳动力、财力和物力短缺等难题，李顺达在实践中摸索出几种办法。

首先是加强劳动管理。分工分业，建立田间生产队及林业、畜牧、农田基本建设和财务 4 个单位；实行合理的劳动报酬制度，特别是支持申纪兰带领妇女参加集体生产劳动，在全国农村较早地实现了男女同工同酬；减少非生产性劳动的浪费行为；组织劳动竞赛。

其次是发扬艰苦奋斗、自力更生和因陋就简、勤劳节俭的精神。

李顺达带领西沟人几十年如一日，贯彻山、沟、滩、田、林、路综合治理的方针，坚持不懈地向荒山、荒沟、干河滩开战，最终实现"山上松柏核桃树，河沟两岸种杨柳，梯田发展经济树，西沟发展农林牧"的奋斗目标，使西沟村成为全国农业战线的一面旗帜。

农村合作化"西沟模式"合理配置了生产力的要素，按劳分配、男女同工同酬的分配方式有利于充分调动各方面的积极性。

1954 年 2 月 17 日，《山西农民报》登载李顺达写的《在总路线照耀下不断前进》的文章。他在文章中诠释合作化路子："我们要发展互助合作，把一家一户的小生产一步一步变成集体的大生产，把农民私有制变成集体农民公有制。""咱们的农业生产，一定要适应工业建设的需要，努力把互助合作搞好，大量增产，支援国家工业，使工业发展起来，好用新技术支援农业生产。"

实践证明，"西沟模式"让全社的公共积累由 1952 年的 120 元增加到 1955 年的 1911 元；全社的总收入折合成粮食达到 431383 公斤，人均 442 公斤，比互助组时期增加了 25%，超过社外农民收入的 23.3%。随着生产的发展，社员的物质、文化生活都有了很大改善。

1954 年，该合作社扩大到 246 户，改名为"西沟金星农林牧生产合作社"，实现了农业合作化由初级向高级的过渡。

1957 年 2 月，李顺达出席全国农业劳动模范代表会议。他还代表出席会议的全体劳模代表发表讲话。

可贵的党性、高贵的人格，百姓心中立丰碑

1942 年冬，在一次群众大会上，李顺达冒着被杀头的风险暴露身份，大声宣布：我就是共产党员！

对党忠诚，可以表现为这种关键时刻的献身精神，也可以表现为身处逆境"说老实话、办老实事、做老实人"的坚持真理，还可以表现为对人民群众的满怀深情。

1962 年 4 月 11 日，李顺达在《山西日报》上发表《说老实话，办老实事，做老实人》的文章。几十年来，他始终践行这个人生十二字真言。

"大跃进"时代，有人劝李顺达："西沟的粮食产量、总收入得往上多报才行，不然老先进的荣誉难保。"李顺达回应："一是一、二是二，咱可不干那种蠢事！那不是欺上瞒下骗自己吗？"

在"农业学大寨"的年代，李顺达因为没有照搬大寨的评工记分办法被批。

1977年，省里选举党的十一大代表前夕，某领导告诉李顺达："只要承认错误，作个检查，你还可能当选。"李顺达说："代表可以不当，但没说过的话、没做过的事，我不能瞎说。我瞎说了，不就是欺骗党欺骗人民吗？"

说老实话使李顺达落选党的十一大代表，被罢免山西省委常委、晋东南地委书记和平顺县委书记等职。当有人提出撤掉他兼任的西沟村党总支书记职务时，西沟村的党员和群众说："老李的党总支书记是全体党员选出来的，要撤也得我们同意！"

正义不会缺席。1981年5月，山西省委正式作出为李顺达彻底平反、恢复名誉的决定。1983年4月，他当选为省第六届人民代表大会代表，并被选为省人大常委会副主任。

"老实"是李顺达的标签。新华社记者冯东书、山西省社科院研究员丁东曾分别撰文《"老实疙瘩"李顺达》和《老实人李顺达》追忆李顺达的风范。1983年李顺达去世时，山西省政协原副主席吕日周为其写了一副挽联："老实人的聪明，永远听党话跟党走；聪明人的老实，始终不信邪不跟风。"

8月5日，在西沟村村委会办公室，西沟村人聊起他们口中的"老李"或"李主任"，李顺达的三个女儿给记者翻译平顺方言。

西沟村原党总支书记张高明："李主任文化水平不高，却尊重知识和知识分子。李主任超前办素质教育，1971年在沟里开荒垫地，他亲自规划、监督，拨专款建成拥有3层楼14间教室的中学；还从'五七干校'引进教师，培养出考取华北农大、上海交大等高校的优秀学子，学校设有文艺宣传队、武术队、乒乓球队、篮球队、排球队；开辟出小农场，学生们还能学焊工……"

81岁的老兽医李平宽："老李特别重视畜牧业发展，把我从县兽医站调到西沟村，还解决了我媳妇的落户问题。改良耕牛品种需要一个液氮罐,老李亲自用车拉上我去省畜牧局;通过配种,一年改良耕牛 3200 多头……"

李顺达对工作要求严。81 岁的老党员郭岗柱说:"老李每次从外地回来,都先不回家,而是在村里走一遍,然后到大队解决问题。我们的工作没做到位,他会严厉批评。但经常训完人后过意不去,自己会流泪。"

村民说,大家有啥困难都会和老李说说。路文全的儿子盖房没钱买瓦,老李救助 30 元;村民的牛跑了,老李帮着追好几里地……

李顺达互助组成员路文全的儿子路伟力说,三年严重困难时他常去李主任家吃饭,李主任对他自己的孩子们说:"你们饿着也要让你大爷家的孩子吃饱。"

农历六月初六是"羊节",每年的这一天,李顺达会把村里的羊倌请到家里吃饭,他亲自上山替羊倌看羊。

待村民如亲人,却对自家孩子严格要求:大女儿李新娥没完成深翻地的任务去看电影,父亲点上马灯,连夜和女儿一起干;二女儿李秋娥想坐一下父亲的吉普车,父亲从来不让,却总让好多村民搭车。李顺达常说:"管不了三尺门里,就管不了三尺门外。"

李秋娥还记得,国家为父亲定了副省级(十一级)工资,工作人员把工资送到家里,被父亲拒收……

村民说:"老李名声大、荣誉高,但他一生心不离群众、手不离劳动。"

西沟村党总支书记郭雪岗说,李顺达给后人留下一串精神密码,那就是始终听党话、跟党走的坚定信念,自力更生、艰苦奋斗的创业精神,开拓进取、勇往直前的创新精神,热爱劳动、廉洁奉公的劳模本色,艰苦朴素、憨厚朴实的农民本色。

……

质朴的肺腑之言，是李顺达立在百姓心中的丰碑。

思考

西沟的每一寸土地都留下了李顺达的足迹，每一片树荫都洒有李顺达的汗水。

"太行山高来漳河水长，李顺达美名天下扬，在生产战线他是模范呀，爱祖国他能献出全部力量。漳河的流水靠太行，李顺达紧紧跟着共产党，为人民解放他奋斗到底呀，在群众中贯彻了党的主张。他是我们新中国农民的一面旗帜，他是我们中国农民的好榜样。"寻访李顺达，一曲《歌唱李顺达》是最贴切的总结。歌声仿佛在太行山回荡。

2009 年 5 月 25 日，习近平同志在西沟视察时指出："西沟 60 多年的发展，是社会主义革命、建设和改革开放的缩影，特别是李顺达、申纪兰的劳模精神，需要好好总结和发扬。"

进入新时期，传承劳模精神，推动乡村振兴是对李顺达最好的铭记。

本文刊于 2021 年 9 月 8 日《山西工人报》

山西工人报
SHANXI GONGREN BAO

新闻责任
工会声音
职工精神
维权担当

山西省总工会主管主办
山西工人报社出版

山西工人报 http://www.sxgrw.com
E-mail:sxgrb@163.com （今日四版）

国内统一刊号 CN14-0003 邮发代号 21—10 │ 2021 年 9 月 **8** 日 星期三 农历辛丑年八月初二 总第 10323 期

近年来我国市场主体年均净增长超过 1000 万户

奋斗百年路　启航新征程

建党百年·山西重大工运事件重要工运人物寻访展示

李顺达：新中国农民的一面旗帜

本报首席记者 栾俊菊 通讯员 王光

【铭刻】

（下转第 3 版）

斗地主、打日寇
成立李顺达互助组

我省启动女职工产假等权益专项执法行动

本报讯（首席记者贺芳芳）……

运城市总召开"户外劳动者爱心驿站"推进工作座谈会

本报讯城讯（记者裴蕴聚）……

低碳发展贡献力排行榜
我国首次发布能源企业

本报讯（记者栾俊菊）……

聚焦技能大赛　网络与信息安全管理员

紧跟趋势，这是一场"烧脑"的决斗

本报记者 吴艳

9月6日至7日，山西省第七届职工职业技能大赛网络与信息安全管理员比赛在山西省电力公司完成举行。图为比赛现场。
本报记者 范琪楠 摄

以新能源为主体的新型电力助力"双碳战略"落地

本报讯（记者黄勇）……

"8+8"发展体系助推我省服务业高质量发展

到 2025 年全省服务业重点行业进入全国第一方阵

本报讯（首席记者薛海萍）……

（下转第 2 版）

 山西工人报
新闻客户端

山西工人报
官方微信公众号

 山西工人报"工运解读"
新媒体联盟公众号

山西工人报"新闻汇"
新媒体联盟公众号

 山西工人报"工会+"
官方微博公众号

 山西工人报"工会+维权"
新媒体联盟公众号

 山西工人报
"职工e家政"公众号

 山西工人报
官方微博

 山西工人报
官方抖音

 山西工人报
抖音官方账号

李顺达：新中国农民的一面旗帜

（上接第1版）

搞竞赛 捐飞机 爱国丰产倡议轰动全国

李顺达（左二）主持编制订生产计划，开展大丰产

李顺达（前排左二）与苏联朋友在一起

李顺达和村民研究农具改革情况

握手吃饭敬酒 毛主席三次接见李顺达

"山区要想富 发展农林牧" 探索山区农村发展"西沟模式"

可贵的党性 高贵的人格 百折心中立丰碑

【思考】

申纪兰：率先擎起"男女同工同酬"旗帜

米俊茹

铭刻

申纪兰（1929年12月—2020年6月），山西平顺人，1946年10月参加工作，1953年加入中国共产党，全国著名劳动模范、全国优秀共产党员、"改革先锋"称号获得者、"共和国勋章"获得者，山西省平顺县西沟村党总支副书记，历任金星农林牧生产合作社副主任、中共平顺县委副书记、山西省妇联主任、长治市人大常委会副主任、全国妇联第二至四届执行委员。推动妇女解放，她是中国男女同工同酬的发起者和实践者，倡导并推动的男女同工同酬被写入《中华人民共和国宪法》，举起了男女同工同酬这面具有世界意义的旗帜，成为中国妇女解放事业的里程碑。她是全国唯一从第一届连任到第十三届的全国人大代表。

驻足西沟展览馆，一帧帧珍贵的历史照片讲述着一名普通农家妇女成长为全国人大代表的光辉历程；重温《人民日报》、新华社关于男女同工同酬的实践和推进，体会"男女干活，工分一样"产生的历史意义；党旗映照西沟，在村委会聆听曾经的社员们用最朴实的话回忆他们曾经的带头人如何无私忘我；阅读《口述申纪兰》《世纪人民代表：申纪兰》等史料，在山西省社科院申纪兰研究基地，听研究者如何给予这名世纪人民代表高度的历史评价……觅迹寻踪，

西沟展览馆外景　王超／摄

史海钩沉，我们力图理解一名普通的农家妇女如何闯出一条妇女解放之路。

14岁灭蝗，最小的妇救会成员，她在华北抗日根据地受到妇女解放运动的熏陶

唯物史观认为，任何历史人物都是社会历史发展的产物，都离不开其所处的具体历史环境。了解申纪兰得从她的童年说起。

2023年2月13日，在平顺县西沟村，平顺县总工会主席毕军林和西沟村党总支书记郭雪岗递给记者两本由人民出版社出版的书——《世纪人民代表：申纪兰》和《口述申纪兰》。"这两本书分别由省委宣传部和省社科院研究者编撰，完整、准确、权威。"郭雪岗说。记者从中梳理出申纪兰早年的经历。

1929年农历十二月，申纪兰出生在山西平顺县龙镇镇（今龙溪镇）杨威村。这是位于太行山腹地的一个贫瘠的小山村。不到5岁，

她的父亲就去世了。1934 年，母亲改嫁到平顺县青羊镇山南底村，继父姓申。

申纪兰的童年很苦，但童年的艰辛磨砺造就了她吃苦耐劳的品格。

1943 年，平顺县北部发生严重蝗灾，县里组织人灭蝗，申纪兰不顾母亲反对，加入庞大的灭蝗大军。她是队伍中年龄最小的，不足 14 岁。

"这次参加灭蝗太受罪了，一天走几十里山路，吃住都没地方，一到黑来眼睛也睁不开。后来有几个妇女跟不上集体了，就回去了。那些男的也叫我回去，怕我也跟不上。我从小吃苦惯了，咬咬牙还是坚持下来了，最后还给家里挣了工分。"在《口述申纪兰》中，申纪兰这样说。

1944 年，山南底村成立妇救会。因为申纪兰灭蝗能吃苦，妇救会主席龙月秀就叫申纪兰加入妇救会，由此她成为村里年龄最小的妇救会成员。"妇救会经常晚上开会，我每次开会都去，觉得那些婚姻自由、妇女解放的道路有意思。"申纪兰说。

彼时的中国正处于抗日战争战略相持阶段。西沟所在的晋东南地区作为八路军总部所在地和中共在山西各级党政部门的聚集地，成为中共在山西发动民众、启迪妇女走出家庭、走向社会、融入民族解放事业的策源地。

在时代环境的熏陶下，申纪兰积极参加支前活动。她报名参加村妇救会的纺花组，1944 年被评为县"纺花能手"。

1946 年秋，17 岁的申纪兰嫁到西沟村。

"说到申纪兰的成长进步，就不得不提西沟党支部，也绕不开西沟领路人李顺达。李顺达是申纪兰人生道路的领路人。"郭雪岗说。

1938 年 4 月，平顺县第一个基层秘密党组织——中共池底党支部成立。同年 7 月，李顺达等 6 名农民加入中国共产党。

1942年，西沟村被晋冀鲁豫边区政府表彰为"劳武结合模范村"，李顺达被表彰为"劳武结合英雄"。1943年2月6日，响应党组织"组织起来，生产度荒"的号召，李顺达与6户农民家庭成立李顺达互助组。李顺达是新中国第一批全国劳模之一，获得爱国丰产金星奖章。李顺达带领的西沟农业生产合作社为探索新中国农村发展道路作出了卓越贡献，为探索贫困山区新农村建设找到了发展方向，在西沟村树立了新中国农业战线的一面旗帜。

小小劳模村西沟，为申纪兰提供了人生的大舞台。

在西沟，只要妇救会有活动，申纪兰一次都不落。妇救会主席、李顺达的母亲郭玉芝人前人后表扬申纪兰。其间，申纪兰与李顺达日渐熟悉。在李顺达的影响下，申纪兰更加积极追求进步，开会、学习、劳动，样样争先。1950年秋，她加入中国民主主义青年团。次年春，她成了西沟村的妇救会主席，把工作重点放在了发动妇女劳动上。

发动全村妇女下地，从5分工到10分工，她为妇女争取到了跟男人们一样的工分和工票

"1952年，申纪兰发动和带领妇女下田劳动，并大胆提出妇女与男人干一样的活，记一样的工分。她当时压根也没想到，这是争取男女同工同酬。它打破了千百年来男尊女卑封建思想的枷锁，在中国农村妇女解放史上有划时代的意义。"

2023年2月14日，在西沟村的展览馆，解说员这样概括申纪兰的人生成就。

聆听着解说员的讲解，看着一帧帧珍贵的历史照片，让人一下子穿越到了解放初期。

纪兰党性教育基地外景　张晓伟／摄

　　1951年12月10日，李顺达在西沟村以互助组为基础，组织26户农民家庭办起了初级农业生产合作社——西沟农林牧生产合作社，李顺达当选为社长，申纪兰当选为副社长。根据社里农林牧副全面发展的规划，必须发动26名妇女参加劳动。申纪兰挨家挨户动员妇女走出"三台（锅台、炕台、碾台）"，走向田间。

　　平顺有句老话：好男走到县，好女走到院。动员妇女下田，可不是一件容易的事。

　　1953年，《人民日报》记者蓝邨采写的《劳动就是解放　斗争才有地位——李顺达农林畜牧生产合作社妇女争取同工同酬的经过》报道，表述了当时西沟妇女所处的环境——

　　"山西省平顺县西沟村是全国知名的先进村，是著名劳动模范、中共西沟村支部书记李顺达领导的村庄。这个村庄的生产成绩特别好，人们的思想觉悟也在不断提高，干涉妇女婚姻自由、打骂妇女的事早就没有了。但是，就是在这样一个先进的村子里，在去年以前，妇女在家庭里以及在社会上的地位，和男人还是相差很远的。就说在家庭里吧，妇女穿衣服要向公婆、丈夫要，新媳妇过了门，三年以后每年才给八尺布；至于吃食，向来是男人吃好点、女人吃坏点……西沟村自从解放以后，十多年来，妇女们虽然都已参加农业劳动，但参加主要劳动的还是少数，多数妇女只是在秋收农忙时掰掰玉茭或在地里做些杂活……"

申纪兰挨家挨户说服妇女，一开始妇女没信心、男人不支持，工作开展得特别困难。

申纪兰在《口述申纪兰》中讲述发动妇女的艰难：第一次发动了5个人，硬着头皮下地，还没怎了，倒跑了3个。后来她寻求西沟支委的支持，先教妇女们学干技术活。再后来又发动7人锄地。当时村里有个李二妞是最难发动的。申纪兰去李二妞家这样做工作——

李二妞：你进步，你去下地。我活了半辈子，死了就是一辈子，解放不解放吧。

申纪兰：参加了劳动，能多挣劳动日，能多分红，也能缝件新衣裳穿，不用一直穿旧衣裳。

李二妞：……

申纪兰：他爹（李二妞丈夫）瞧不起你，你能怨谁？你要劳动了，就能挣上工分，想换件新衣裳就换，不用靠他爹。你看全村妇女都下地了，就你在家，瞧她们（其他人）都笑话你哩。

李二妞嘴上说"人家劳动是享受，我不能劳动就吃苦"，可心里头活动开了。申纪兰又找到其丈夫，跟他说让妻子下地。第二天，李二妞真的扛着锄头下地了。

李二妞被发动起来了，村里其他人就好弄了，全村妇女都下地了。

《世纪人民代表：申纪兰》一书比较详细地还原了申纪兰争取男女同工同酬的前因后果。

西沟初级农业合作社刚成立，实行工分制，干一天，男人记工10分，发一张红色的工票；女人记5分，不发工票。

起初，女人们对记工分并无异议，自己本来就没男人出力多、干得好，少挣工分是应该的，但对不发工票，她们就想不通了。

申纪兰也想不通，她找到记工员问为啥不给妇女发工票。

"工分已经记了，有没有工票都一样！"

"明摆着不一样么，还说一样？"

晚上，申纪兰又在社务会上代表妇女提意见。最终研究决定也给女人们发工票，但要跟男人们的区别开。于是，女人们便领到了属于她们的工票——黄票。

争取到了工票，女人们高兴了好些天。

很快就开始春耕了，男女劳力都做了分工，一部分送粪，一部分耙地。送粪分成两拨儿，女人负责往箩里头装，男人负责往地里挑；耕地是男女搭对儿，女人牵牲口，男人踩耙。可干一天活，记工分时，男人记10分，发红工票；女人却仍然记5分，发黄工票。

过了两天，女人们心里感觉不平衡了：说送粪吧，男人挑担子一个往返有空有实，趁装粪的时候还可以坐下歇息一会儿；但女人们手中的锹始终不能停，连个直腰的机会都很少。再说耙地，女人是牵着牲口撵墒，鞭子在男人手里掌着，牲口走多快，人就得走多快，一天下来，累得腿肚子直转筋；而男人呢，是踩在耙上让牲口拉着走，悠哉悠哉的，高兴了还可以喊上两嗓子。如此看来，女人的劳动强度应该不比男人低，却只挣男人的一半工分。不公平是显而易见的。

这天记完工，她们就跟申纪兰发牢骚："死受活受都是记5分，还不如回家纳鞋底呢！"

李顺达当时不在，申纪兰没人可找，她不想再去找社委会，怕干部们说她有私心，但又怕女人们真撂挑子不下地了，便安慰大家：

"先不要着急，咱们得先想办法把活干得让男人服气了，才能跟他们争工分。"晚上，申纪兰在炕上翻来覆去地苦思冥想，还真想出来了办法：男人挑担子咱也挑，男人踩耙咱也踩，如果能干得不比他们差，谁还能有理由另眼看待咱？

第二天上工时，申纪兰便把这想法悄悄告诉了女人们，大家都赞同。

送粪时，申纪兰提出要跟男人分开干，男人 3 人包一块地，女人也 3 人包一块地。

于是，一场具有历史意义的劳动竞赛在太行山旮旯的一个小山村展开了。

男人们边干还边饶有兴趣地看热闹，看那些小脚女人们挑着沉沉的担子怎样在地里"扭秧歌"。第一次挑担子，女人们确实还有点儿把不住、走不稳，可很快她们就摸出了其中的窍门，走得跟男人一样轻巧自如了，而且是 3 个人轮换着挑，人人都有歇息的时候，不仅感觉轻松，还容易出活。

等男人们品过味来，活儿已经落在女人后面了，他们便不得不把箩头装得又满又实，步子迈得又大又快，力图把落下的活儿赶出来。

晚上收工时，女人们和男人们打了个平手。在事实面前，男人们没话可说了，只得也给女人记工 10 分、发红工票。

于是，在这一天的黄昏时分，西沟合作社的女人们在申纪兰的带领下，争取到了跟男人们一样的工分和工票。西沟的女人们胜利了，她们因胜利而激动着、高兴着。

当时的申纪兰并没有意识到，她带领西沟的女人们所取得的这场胜利在中国农村发展的历史上具有非同寻常的社会意义，因为她们实际上完成了一个创举——争取到了男女同工同酬。这在中国历史上是前所未有的。

西沟男女同工同酬的经验迅速引起关注，西沟周边村纷纷效仿。西沟村 83 岁的老党员李平宽回忆，他老家平顺县东寺头乡安咀村的人听说西沟搞男女同工同酬，就前去学习。该村党支部书记向福祥在村里的社员大会上说："咱村记工，跟西沟一样，同工同酬，男女一样。"

西沟村民回忆，当时的群众为称赞西沟女社员还编了顺口溜："西沟妇女真能行，赛过宋朝穆桂英；事事不离场场到，每次战斗是英雄；家里地里都能干，不愧是咱半边天。"

为合理使用劳动力，申纪兰还根据男女劳动力的优势不同，科学分工，以保证劳动的质量和数量的提高。妇女们干活的技术提高了，家庭地位随之也提高了。一些妇女积极进步，被选为劳模，社会地位不断提高。

1953 年，《中国妇女》杂志刊登了新华社记者马明采写的《通向妇女解放之路——金星农林牧生产合作社实现男女同工同酬的经验》一文，称实现男女同工同酬后，申纪兰又建议社务委员会把过去男女社员分开编组劳动改为男女社员混合编组劳动；又按妇女身体强弱和技术高低以及个人专长，男女社员作了科学分工。妇女间苗比男人快，就腾出男社员去搞别的劳动。有一次，妇女锄玉米锄得太浅，男社员提出批评，申纪兰就领导妇女检讨改进。她经常对女社员说："咱们争取男女同工同酬，是为了消除封建残余男女不能平等的思想，不是人对人斗争。咱们以后更要积极劳动生产，处理好家庭事务。"后来，社里妇女的技术提高了，有 4 名妇女成为农业生产上的"全把式"，有 12 名妇女学会了犁地，其余的妇女都学会了使用大锄。

社里出现了空前团结和睦的新气象。1952 年，全社 24 名妇女共做 874 个劳动日，占男女劳动日总数的 35%。妇女参加劳动生产后，

西沟新村貌　孙兵兵／摄

不但腾出许多男劳动力从事土地加工、林业、畜牧业长期建设，并且使全社取得了每亩耕地产粮食 221 公斤的丰收。社里的妇女干部已从 4 人增至 8 人。1952 年全社 3 次评选的 66 名劳动模范中，妇女占有 28 人。大家对妇女的劳动分工和特殊困难都很关心。社里买了一个新法接产箱，并且注意保证妇女月经期和分娩前后的健康。妇女张雪花过去在家里常受气，参加劳动生产后，他男人说："以前我把她当成吃闲饭的，现在她变成家中宝了。"从此，纠正了人们轻视妇女的封建残余思想，改善了家庭关系，在互助合作组织内逐步形成了男女同工同酬的原则，调动了妇女的生产积极性，为发展农业生产作出了贡献。

在男女同工同酬的实践中，申纪兰总会用朴素的话语讲出打动人心的大道理，始终依靠党组织开展工作。

在文章中，马明写到申纪兰总结她过去一年多的经验时说："劳动就是光荣，妇女只有参加劳动，在家庭中和社会上才有地位。只有在共产党领导的社会主义制度下，妇女的民主权利和政治地位才有保障。我男人在抗美援朝前线，和其他志愿军战士一起流血流汗。我在农村领导妇女劳动生产，搞好家务，这是应负的责任。人常说妇女占总人数的一半，只有为妇女解放和全体人民出力，大家都解放了，我自己也才真解放了。"这种朴实的坚定信念，就是她发动妇女积极参加劳动生产和争取彻底解放的力量源泉。她说："当我遇到困难的时候，我就找党支部。支部书记李顺达、支部组织委员宋金山常鼓励我不要灰心，要工作总会有困难的，妇女们在生产上做出成绩，就能改变重男轻女的封建残余思想，有什么困难，党支部一定帮助解决。党的支持、鼓励给了我很大的勇气。"

而实行男女同工同酬远不仅仅是对生产力的提升，对全国山区生产建设的方向也产生了重大影响。

曾担任过平顺县委书记的李琳和新华社记者马明撰写的调查报告《勤俭办社，建设山区》，记述了李顺达领导的金星农林牧生产合作社成立 3 年来为当时全国山区农村正在探索解决的生产建设发展方向问题提供了重要经验。

合理使用劳动力是一条重要的经验，实行合理的劳动报酬制度是其中一个重要方面。

1955 年，毛泽东同志非常重视这个合作社的经验，为该篇调查报告亲笔题写了 313 个字的编者按。

走出西沟、走向全国、走向世界，她发起和实践的"男女同工同酬"被写入新中国宪法

1952 年 12 月，在长治地委召开的互助合作会议上，申纪兰介绍了西沟实行男女同工同酬的经验，获得好评。这是申纪兰第一次走出平顺。这次会议使申纪兰的人生轨迹发生了根本性改变。

会后，当时在场的新华社记者蓝邨写了长篇通讯《劳动就是解放　斗争才有地位——李顺达农林畜牧生产合作社妇女争取同工同酬的经过》。1953 年 1 月 25 日，《人民日报》发表此文，申纪兰和她

倡导的男女同工同酬从此走向全国。文章发表后，在全国引起巨大反响，各省党报几乎无一例外地全文予以转载。

《口述申纪兰》编者、山西省社科院原院长、研究员李中元在为该书撰写的代序中称，在西沟发起男女同工同酬是申纪兰政治生活的起点，也是我国各行各业同工同酬的发端。由此，男女同工同酬作为一个重要政治命题凸显出来，真正纳入中共中央的视野。

1953 年 12 月 16 日，中共中央通过了《关于发展农业生产合作社的决议》，明确提出男女同工同酬的概念，制定了男女劳力应该按照工作的质量和数量，实行同样报酬的概念。1955 年，《中国农村的社会主义高潮》出版，毛泽东同志给其中三篇文章的按语推进了男女同工同酬的进程：第一篇是《邢台县民主妇女联合会关于发展农业合作化运动中妇女工作的规划》一文按语："使全部妇女劳动力，在同工同酬的原则下，一律参加到劳动战线上去，这个要求，应当在尽可能短的时间内，予以实现。"第二篇是《妇女走上了劳动战线》一文按语："为了建设伟大的社会主义社会，发动广大的妇女群众参加生产活动，具有极大的意义。在生产中，必须实现男女同工同酬。"第三篇是《在合作社内实行男女同工同酬》一文按语："建议各乡各社普遍照办。"这三篇按语发表后，男女同工同酬政策迅速在全国各地推广。

据查，1978 年 3 月，申纪兰倡导并推动男女同工同酬正式写入第五届全国人民代表大会第一次会议通过的《中华人民共和国宪法》。《宪法》第五十三条规定："妇女在政治的、经济的、文化的、社会的和家庭生活的各方面享有同男子平等的权利。男女同工同酬……"

以男女同工同酬为起点，申纪兰走向全国、走向世界，多次被评为全国劳动模范，影响不断扩大。

《口述申纪兰》附录中的"申纪兰年表"载——

1953 年 4 月 15 日，申纪兰第一次到北京，在中南海怀仁堂参加中国妇女第二次全国代表大会。作为代表，她在大会上发言，介绍西沟男女同工同酬的经验，并被选为全国妇联第二届执行委员会委员。在此次大会上，申纪兰第一次见到毛泽东同志，并和毛泽东同志握手。

1954 年 6 月 5 日至 11 日，争取妇女权利及世界和平世界妇女大会在丹麦首都哥本哈根召开，刚成立的中华人民共和国派出妇女代表出席会议，申纪兰作为唯一的农村劳动妇女代表出席。

1954 年 9 月，申纪兰当选第一届全国人民代表大会代表出席人代会，受到毛泽东同志接见。这届代表大会，山西代表团共有 24 人，其中有 4 名女性：申纪兰、胡文秀、郭兰英、李辉。

1954 年 9 月 20 日，毛泽东接见了参加第一届全国人民代表大会的劳动模范，申纪兰受到接见。10 月 1 日，申纪兰登上天安门观礼台，参加国庆观礼……

之后，申纪兰还参加了第四次世界妇女大会，访问过莫斯科、华沙、柏林、平壤、河内，具有了国际视野……

特别值得一提的是，凭借提倡男女同工同酬这一创举，申纪兰 1953 年被评为全国农业劳动模范，1958 年参加全国群英大会，1979 年、1989 年、1995 年被国务院授予"全国劳动模范"称号，2009 年被评为全国双百人物、新中国成立以来最具影响力的劳动模范，2018 年被党中央、国务院授予"改革先锋"称号，2019 年被授予共和国勋章。

全国人大常委会原副委员长顾秀莲在为《口述申纪兰》一书所作的序言中高度评价申纪兰："她与西沟妇女用亲身实践证明，妇女的劳动能力和劳动业绩不亚于男同志，在劳动中提高了妇女的家庭地位、社会地位和经济地位，丰富了妇女的人生经历，为妇女的自身解放创造了条件，推动了中国妇女解放的进程。""申纪兰同志在西沟发起的男女同工同酬实践，在当时的历史条件下，适应了我们国家动员全体劳动者进行国家建设的大背景，适应了我们国家进行工业化的历史进程，为我们国家从落后的农业国向现代工业化国家迈进作出了贡献。"

"申纪兰亲自带头并发动妇女积极参加田间生产劳动，以实际行动纠正了人们轻视妇女的封建残余思想，不仅改善了家庭关系，还在全国较早地解决了一个农村

1982 年 12 月 4 日，第五届全国人民代表大会第五次会议通过《中华人民共和国宪法》，实行"男女同工同酬"正式写入宪法

妇女解放的大问题。"新华社记者马明所写《通向妇女解放之路——金星农林牧生产合作社实现男女同工同酬的经验》这样评价申纪兰的创举。

作为西沟男女同工同酬实践的见证者，平顺县原县委书记在《太行丰碑——全国著名劳模李顺达》一书中撰写的《劳动模范是党和国家的宝贵财富》中提到"申纪兰闯出了一条妇女解放之路"。

作为从 2013 年开始亲自对申纪兰进行几十次访谈，编写《口述申纪兰》的作者，山西省社科院研究员，多年从事妇女史学、口述史学和山西历史文化研究的申纪兰研究基地负责人刘晓丽这样评价申纪兰的历史地位和影响力："申纪兰是中国男女同工同酬较早的发起者和实践者，是唯一的第一届至第十三届全国人大代表，是国家重器与普通百姓的有效纽带。"

思考

　　一个曾经连自己名字都不会写的山村妇女居然开创了一条妇女解放之路，居然创纪录地连续十三届当选人大代表。奇迹的背后肯定有深层次的必然性。记者在百姓口中寻找答案。

　　"她个子高、力气大，男人挑一担，她也挑一担。所有农活她都会干，碰上啥就干啥。她挑粪，在五六十米的羊肠小道，从山下上陡坡到山上，不歇一口气。西沟哪个山头都有她栽的树。她成天不着家，整日为西沟操心。""勤俭办社，为公家没有私心，不搞特殊化，在她身上找不到一点点自私自利的影子。""我爱人得了乳腺癌，她帮忙送到长治和平医院，介绍院长、护士认识，中间多次探望。我心里热乎乎的。在西沟，谁家有事她都牵挂。""20世纪六七十年代，她不管从哪里开会回来，都不回家，先去地里。我们全家都支持她。每年她去北京开会一次，我妈（申纪兰婆婆）总要炒玉米疙瘩给她带上……"

　　一个人说你好容易，人人说你好不可能。但在西沟村，没有一个人不说申纪兰是个没有私心的人。所以，记者认为除了"能受脚大没拖累"、时代需要、追求进步等因素外，申纪兰之所以是申纪兰的根本原因就是她心里始终装着群众，一生扎根农村，不改农民身份，保持农民本色，真正把群众的事当成天大的事。

　　习近平总书记在党的二十大报告中强调："全党要坚持全心全意为人民服务的根本宗旨，树牢群众观点，贯彻群众路线，尊重人民首创精神，坚持一切为了人民、一切依靠人民，从群众中来、到群众中去，始终保持同人民群众的血肉联系，始终接受人民批评和监督，始终同人民同呼吸、共命运、心连心。"应该说，申纪兰真正保持了与百姓的血肉联系，做到了始终与群众心连心，是当之无愧的人民代表。

　　　　　　　　　　　本文刊于 2023 年 3 月 2 日《山西工人报》

山西工人报

SHANXI GONGREN BAO

新闻责任
工会声音
职工情怀
维权担当

山西省总工会主管主办
山西工人报社出版

山西工人网 http://www.sxgrw.com
E-mail:sxgrb@163.com
（今日四版）

国内统一连续出版物号 CN14-0003　代号 21-10　2023 年 3 月 2 日 星期四 农历癸卯年二月十一 · 总第 10813 期

我国国家标准达 4.2 万多项

据新华社北京电（记者赵文君）记者 2 月 28 日从市场监管总局举行的全国统一大市场标准化建设工作会议上获悉，第二届全国标准化发展指数为 74.8，截至 2022 年年底，我国国家标准达 4.2 万多项。

申纪兰：率先擎起"男女同工同酬"旗帜

本报首席记者 米俊茹

（正文内容）

第二届全国职业技能大赛将于 9 月举办

据新华社北京电（记者魏弘毅）2 月 28 日，人力资源社会保障部召开新闻发布会透露，第二届全国职业技能大赛将于 9 月 16 日在天津市举行。

晋城市总为"快递小哥"办实事解难事

本报讯（首席记者李彦斌）2 月 23 日上午，寒意料峭的一片关爱，让晋城市的"快递小哥"心头一暖。

节约标煤 减少二氧化碳排放

国网山西电力攻坚节能减排新领域

本报讯（首席记者吴艳）连日来，国网山西省电力有限公司以"双碳"目标为引领，扎实推进节能减排工作。

"山西公安大讲堂"启动

为基层民警提升本领搭建平台

本报讯（记者樊晓）2 月 24 日，"山西公安大讲堂"正式启动。

2023 年全省科技工作会议召开

"七大攻坚战"为推动高质量发展提供科技支撑

本报讯（记者樊晓）2 月 28 日，记者从 2023 年全省科技工作会议上获悉，山西省要聚焦实施"七大攻坚战"。

□ 本省新闻速递

我省年内安排 1000 万元 支持大学生创新创业

我省今年选拔推荐享受 政府特殊津贴人员 56 名

（下转第 4 版）

山西重大工运事件重要工运人物 寻访展示

申纪兰：率先擎起"男女同工同酬"旗帜

申纪兰和李顺达在新中国成立五周年庆祝盛会观礼台上。

（上接第1版）

1953年，《人民日报》记者蓝邨采写题为《劳动就是解放 斗争才有地位——李顺达农业生产合作社妇女争取男女权利的经过》报道，表述了当时西沟村妇女翻身的情形。

"山西省平顺县西沟村是我国出名的劳动模范李顺达的家乡，更是全国的模范村。申纪兰是西沟村的著名妇女，全国劳动模范、共产党员。西沟村83岁的老党员李树茂说，当初李顺达搞合作社，他第一个响应。"

申纪兰的回忆里操劳历历在目。申纪兰说，男人下地劳动，工作辛苦……

……

1952年12月，西沟初级农业生产合作社评选出21名劳动模范，其中女劳动模范9名。

（下转本版）

1953年秋，西沟农林牧生产合作社按劳动分计测成绩，图中女社员根据自己的劳动情况……

……

1951年12月，申纪兰在西沟初级农业生产合作社新社长，图为申纪兰（前右）在组织女社员劳动。

1952年12月，西沟初级农业生产合作社评选出21名劳动模范，其中女劳动模范9名。

思考

一个曾经战胜自己苦难却不曾同时在山村妇女身上照得开了一条新光明的道路，再次看到满村妇女扶着犁耙走上田头，每年的地里在农里……

"她干活，力气大，男人们一样地能干活，所有农活都能从她们手上接过来……"

（附图为西沟村委会提供）

图片统计：太原东新闻中部副8版　电话-0351-3526288　邮编-030001　广告经营许可证号-1400004000063　广告部集团-0351-3526283　定价-全年288元　零售每期0.85元　印刷：山西工人报文化传媒有限公司印务中心(太原敦化营路180号)

马六孩：中国煤矿工人的骄傲

秦岭

铭刻

在山西重大工运事件、重要工运人物寻访展示过程中，马六孩成为首批寻访人物之一。

马六孩，一个煤炭行业家喻户晓、响当当的名字，一个为新中国初创时期煤炭生产作出过突出贡献的铁汉，一个从旧社会受苦受难的劳苦矿工逐步成长为中国共产党全国代表大会代表、全国人大代表、全国政协委员、全国劳动模范的先进劳动者，他是共和国煤炭生产战线上一面不倒的红旗。

他的事迹家喻户晓，他的精神代代传承。如今，我们踏着马六孩走过的足迹，在煤矿上寻找他的精神传承，在工人中倾听他的英雄事迹。

在晋能控股煤业集团，马六孩的名字可谓家喻户晓。他从旧社会受苦受难的劳苦矿工逐步成长为中国共产党全国代表大会代表、全国人大代表、全国政协委员、全国劳动模范。6月8日，记者来到晋能控股煤业集团工会，从这里开始寻找马六孩的光辉足迹。

"马六孩是共和国煤矿生产战线上的骄傲。"晋能控股煤业集团工会相关负责人这样说，"他吃苦耐劳、勇于创新，时至今日，我们的'马连掘进队'依然继承着他的精神。"

1916年，马六孩出生在大同一个贫苦的家庭里。马六孩的祖父、父亲是旧社会的煤矿工人，在穷困和饥饿中死去。为了生计，年仅9

岁的马六孩也不得不像他的先辈一样下井挖煤，但贫困和饥饿同样笼罩在他的头上。

1950年，马六孩与工友连万禄一起，靠人工取得了日掘1.36米的好成绩，打破了当时的全国掘进纪录。之后，他带领工友首次使用进口电钻打眼掘巷连续多次创造全国纪录，他本人也荣获全国劳动模范称号。1951年，马六孩光荣地加入了中国共产党。

马六孩和连万禄在井下相遇，对于大同矿务局乃至全国煤炭战线来说具有重要历史意义。中国煤矿工业一对璀璨耀眼的明星从此冉冉升起。

1950年4月，为了向新中国第一个五一国际劳动节献礼，大同煤矿工会发出号召，在全局矿工中开展生产竞赛活动。当时，煤巷掘进平均班进仅0.3米左右，而局里公布的定额是班进0.5米，这让有些矿工接受不了。为此，白洞矿选中了马六孩、连万禄，让他们向全矿掘进工提出挑战。那次动员会上，马六孩、连万禄当场保证班进0.7米。领导带头鼓掌，矿工们有的响应、有的怀疑。0.7米，现在看来不值得如此兴师动众，但对于当时一镐下去只能刨下核桃大小煤块的手工掘进来说绝非易事。

竞赛开始的第一天，马六孩、连万禄早早来到掌子面，幽暗的"嘎斯灯"照着他俩黝黑的脸庞。二人心里清楚，这可是关键的第一炮。这一炮哑了，那就给新中国丢人了。两人憋足了劲，一个人顶两个人干，在巷子里分开左右，同时做槽口，同时刨底根，同时凿跟，同时装药；干完了一个班，用尺子一量，不多不少，整整0.7米。在以后的日子里，马六孩、连万禄哥儿俩越战越勇，班班进尺都有新突破，从0.7米一直递增到0.9米。4月17日，他们取得了班进1.36米的好成绩，创造了全国手工掘进的新纪录！

1951年，局里为了解决采掘失调问题，加快掘进速度，将马六孩、连万禄同时调到同家梁矿，正式组建了"马连掘进组"。"马连掘进组"接受的第一个任务是打通 501 通风巷。

501 是一条水巷，作业条件非常差。巷道里的水没过脚脖子，顶板上的水如连阴雨般不停地往下落，一歪脑袋水就往耳朵里灌。在煤帮上打眼，水顺着钎杆就涌出来。在这样恶劣的条件下，马六孩没有向领导诉一声苦，并勉励自己说："我是见过毛主席的全国劳动模范，不能给毛主席丢脸。"

在这条水巷里很难找到一处放衣服的地方，常常是不等他们干完一个班，衣服就被巷子里的潮气和水滴浸得湿漉漉的。出了井，人被寒风一吹，棉袄棉裤如盔甲一样箍在身上，脱都脱不下来。回到家，马六孩做的第一件事就是围着火炉转着圈烤，直到把棉袄棉裤烤软乎了，才脱了衣服上炕吃饭。就这样，他们以常人难以想象的毅力，经过 27 个日夜的艰苦奋战，终于提前贯通了 501 通风巷，最高效率超过定额的 66%，真正打了一场漂亮仗。

马六孩还和连万禄一起，反复琢磨，多次试验，创造出了双孔循环快速掘进法，使掘进速度直线上升，继月进 318.71 米后，又创造了月进 479.88 米、503.91 米、516 米的新纪录。之后，煤矿管理总局向全国各地煤矿推广马六孩先进工作法。

"马六孩多孔道循环掘进工作法"在华北区国营京西、阳泉、峰峰、焦作、井陉等 8 个矿务局的 112 个掘进队重点推广成功，各矿重点推广组掘进速度在原来的基础上提高了两倍至三倍，最高的提高了 5.8 倍，极大地增加了全国的煤炭产量，同时还为国家节省了大量开支。

在以后的 10 年中，"马连掘进组"在大同煤矿乃至全国掘进队组中一直遥遥领先，先后创造了"深孔作业""运搬机械化"等先进操作技术，取得了月进 1300 多米的惊人成绩，马六孩及其掘进小组不但月月超额完成生产任务，并且无重大事故，同时创造推广 54 条先进经验，培养出 46 名干部和大量技术工人。

马六孩先后当选为中共八大代表，第一届、第二届全国人大代表，第五届、第六届全国政协委员，第九届全国总工会执行委员。1956 年，他担任大同矿务局工会副主席，之后又任大同市总工会副主席、山西省总工会副主席等职务。

无论是在领导岗位上，还是胸佩奖章从劳模会归来，矿工们在马六孩身上都看不到一丝一毫装腔作势的派头，他永远是煤矿工人中普普通通的一员。人们都知道他在办公室里坐不住，总是三天两头往矿上跑，尝尝食堂的饭菜香不香、试试澡堂的水热不热。遇到问题，他总是从矿工的利益出发来考虑如何解决。

1994 年 10 月 23 日，一个晴空万里、阳光灿烂的日子，全国煤炭工业 7 位著名英模塑像的揭幕仪式在中国煤炭博物馆隆重举行。那天，马六孩老人应邀出席了揭幕仪式。他精神矍铄、声若洪钟，简短的讲话赢得了全场一次次热烈的掌声。

1998 年，82 岁高龄的马六孩因病去世，但他为共和国煤炭事业作出的突出贡献国家不会忘记，他的光辉永远闪耀在煤炭人心中。2009 年，马六孩被授予"新中国成立以来最具影响力的劳动模范"称号。

思考

几经周折，联系到了熟知马六孩老人故事的相关人员。采访过程中，记者的思绪一直在那个激情澎湃的年代飞扬着，一直为马六孩那种忘我的奉献精神所感动着。

马六孩从小饱尝旧社会的痛苦辛酸，新中国成立后当上了一名煤矿工人，在党的教育下逐渐成长为一名优秀的工人，他和他的"马连掘进组"创造了手工掘进的全国最高纪录，创造出了多项全国重点推广的先进工作方法，为祖国的煤炭事业发展建立了不朽的功勋，成为全国煤炭生产战线上一面高高飘扬的旗帜。

如今，马六孩虽然走了，但是他的马连小组还在，他的马连精神还在，70多年栉风沐雨，从手工掘煤到机械化开采，再到智能化"无人"采煤，马六孩和连万禄吃苦耐劳、敬业奉献、创新创造的精神一直在传承着。他建立的"马连掘进队"无私忘我、大胆革新，创造了一个又一个的骄人成绩，以优异成绩谱写着新时代"马连"掘进新篇章。

本文刊于 2021 年 6 月 23 日《山西工人报》

山西工人報
SHANXI GONGREN BAO

新闻责任
工会声音
职工精神
维权担当

山西省总工会主管主办
山西工人报社出版

山西工人网 http://www.sxgrw.com
E-mail:sxgrb@163.com

国内统一刊号 CN14-0003　邮发代号 21-10　2021年6月 **23** 日 星期三　农历辛丑年五月十四　总第10246期

奋斗百年路　启航新征程

建党百年·山西重大工运事件重要工运人物寻访展示

马六孩：中国煤矿工人的骄傲

本报首席记者　秦岭

当年与山西省总工会主席马六孩合影（右）秦岭文/摄

我省『十四五』新产品专项规划发布

本报6月22日讯（记者佩航）

[下转第2版]

[上接第1版]

欧学联：一生都在做好事的共产党人

秦岭

铭刻

人，是要有追求的。

但我们追求的是什么，能推动人类实现哪些进步，才是我们需要思考的。

如同焦裕禄、孔繁森等优秀党员一样，欧学联一生的无私奉献，演绎了人间的真情和至爱，让煤矿工人和孤儿战士感受到了党和祖国的温暖。

时光飞逝，欧学联虽然已经离开我们多年，但是她那"大爱无疆，助人为乐，无私奉献，持之以恒"的学联精神，仍如一面旗帜飘扬在百里煤海。她自觉地把个人的前途命运与国家、民族、社会的前途命运紧紧联系在一起，数十年如一日，不受时间、地点、岗位的局限，处处做好事，天天干实事，将雷锋精神发扬光大，将共产党人全心全意为人民服务的理念提升到新的高度。她的模范行为不是可望而不可即的，而是每个人都可以学到、做到的。

在山西省重大工运事件、重要工运人物寻访中，欧学联这个名字被记者用笔写了许多次。全国道德模范、全国双拥模范、第九届全国人大代表、全国煤炭战线劳动模范、全国先进工作者、全国三八红旗手、全国巾帼建功标兵、全国煤矿群众安全生产工作先进家属……这样一位优秀共产党员，记者应该从哪条线索入手？直到晋能控股煤业集团工会宣教部的朋友传来消息的那一刻才确定下来。

"欧学联是永定庄煤业公司的一位老党员。她的事迹在我们这里可以找到。"

怀揣着仅有的线索和一个联系方式，8月24日，记者驱车前往大同，寻找欧学联那些让人震撼、铭刻于心的事迹。在永定庄煤业公司，工会宣教部部长曹艳平热情地向我们介绍："欧学联一辈子都在我们矿上生活，她的事迹早已传遍了矿山。2009年，我们修建了欧学联纪念馆。"

欧学联纪念馆坐落在一座安静的四合院中。该公司团委书记、纪念馆负责人刘飔得知我们的来意后高兴不已："欧学联是我们全矿的骄傲，她的不计报酬和无私奉献真正践行了社会主义核心价值观。"

纪念馆占地约200平方米，小院内有一座欧学联的雕像，两间平房里陈列的是欧学联的生平事迹和荣誉奖章。

推门进去，一幅欧学联全身像首先映入眼帘，一身的奖章讲述着她不平凡的一生。"欧学联出生在江苏省宿迁县一个穷苦的农民家庭，1961年随丈夫转业来到我们这里。丈夫夏立勤是解放军的一名优秀战士，参加过多次重大战役，在思想上十分进步。"刘飔说，"夏老经常鼓励欧学联多为矿工做好事，可以说夏老是欧学联的指路明灯。"

"母亲就是这样一个人，总是把家里的事看得很小，把工友的事情看得很大。"

——三儿子夏明军

"自打我们记事起，母亲每天总是想着为矿工们做些什么。"欧学联的三儿子夏明军告诉记者。

得知我们的来意后，夏明军讲述了母亲的一件往事：

"1962 年 8 月，我大哥夏明海出生了。8 个月大的时候，邻居张清安的媳妇赵秀英也要生了，但是赵秀英体质不好，家境贫困，家里连一双筷子都没有。从锅碗瓢盆到尿布被褥，母亲一一为她准备妥当，还义务担起了'月嫂'的责任。赵秀英分娩后基本没有奶水，婴儿饿得整天哭闹，身体一天不如一天。母亲为了不让这个孩子因为没有奶水出现意外，只好在自己儿子身上'打主意'，经常把奶水喂给张秀英的儿子吃，狠心不让大哥吃一口。几天下来，大哥因为吃不饱经常半夜饿醒，一直哭闹不停。父亲因为这件事情几次跟母亲发脾气：'你照顾秀英的孩子，我很支持，但是也要管好自己的娃吧？'母亲却说：'秀英家的情况你也清楚，咱娃饿了不吃奶还能吃口饭，可她家娃不吃奶就会出事。只要能救人一命，儿子受点委屈也是值得的。'"

"母亲就是这样一个人，总是把家里的事看得很小，把工友的事情看得很大。我们兄弟三人成家后，过了很久才理解母亲的伟大，相信母亲那时从大哥嘴里拔出奶头需要多么大的勇气，承受了多么大的心理压力。谁都希望自己的孩子茁壮成长，我们的母亲也一样。"言语间，夏明军的声音充满了伤感。

接到弟弟的电话，夏明海也来到了纪念馆。"我吃不上奶水只是一个开始，后来两个弟弟出生后，母亲更是一心扑到了矿上。一次买来猪肉和白菜，母亲连夜包了 300 个肉包子送到井口；单身矿工受伤了，又包了猪肉白菜饺子送去。特别是花生米的事情，到现在我们三兄弟一喝酒总能说道一会。"夏明海说。

"20 世纪 70 年代那会儿，家家户户每天能吃上的东西特别有限。尤其是我们这里，玉米面糊糊和窝窝头都得数着日子吃。姥姥知道我们家境不好，就省吃俭用兑换了 18 公斤花生米和 10 公斤白糖从江苏寄过来，希望我们改善一下生活。当时收到这些东西，我们高兴坏了。但是母亲第一时间就决定把这些东西送到井口慰问矿工，还安慰我们'炸好了先给3个儿子吃'。可等炸好以后，母亲就数出6颗花生米，分给我们每人两颗吃。

"看着眼前堆成小山的花生米，我们的心里可不是滋味了。这时候父亲下班回来，闻着香味就拿起花生米往嘴里送，母亲一把抓住他的手说：'孩子们才吃两颗，你还不如你儿子？'父亲只好把一颗花生米放到嘴里，剩下的放进锅里。后来，我们把油炸花生米和白糖送到井口时，矿上都轰动了，刚上井的矿工感觉就像过年一样。看着叔叔们吃花生米、喝白糖水，我们也馋，可叔叔的表扬声听起来更甜！"

"母亲的伟大除了表现在这些小事上外，在分房、解决儿女工作的问题上也总是优先考虑别人。"夏明军说，"大哥当年高中毕业后，矿区领导考虑到我家的特殊情况，就决定给大哥一个工作指标。这时，一个叫李全柱的矿工子弟找上门来，希望母亲能帮忙留意一下招工信息。母亲了解到他家的困难后，就想着把大哥的工作指标让给他。大哥一开始不同意，但是在母亲的劝说下，最终还是把指标让给了李全柱。当时我们都不理解，这可是解决子女工作和提高全家收入的好机会啊。现在想起来母亲真的是无私。"

"婆婆把矿山当成了自己的家。"

——长媳阎福梅

在纪念馆的一角，如今还存放着许多"学联茶"。这个茶是欧学联专门为矿工们制的，在永定庄矿工作的人都说："谁要是没喝过'学联茶'，那就不是真正的永定庄人！"作为夏家的长媳，阎福梅讲述了"学联茶"的来龙去脉：

"20世纪70年代，全国煤炭行业在机械化水平相当落后的情况下开足马力开采，永定庄矿的矿工经常加班加点下井挖煤，日产量常常达到一万吨以上。看着丈夫和工友们在井下夜以继日地工作，婆婆几乎天天组织矿工家属往井口送水。她还自发购买了砖茶泡水，可时间一长，家里的经济状况有点捉襟见肘了。后来，婆婆在一次聊天中，得知一个古老的茶方可以缓解矿工的疲劳，但是需要在矿山周边一带的山上采黄芩作为主料。所以，她就天天带着我们去周边的九山一岭采黄芩。

"黄芩是大同地区一种特有的野生草药，虽然数量不少，但大多生长在悬崖峭壁上，采摘难度不小。婆婆采茶时总是走在最前面，遇到危险的地方就不让我们上。她还好几次从山坡、陡崖上摔了下来，被摔得鼻青脸肿，最厉害的一次是把脚踝和腰椎都摔伤了。我们都劝她休息几天再采，可婆婆第二天又早早上山继续采黄芩了。黄芩采回来后，婆婆又带着我们洗净、蒸熟、晒制等，还将自费买来的玫瑰、茉莉花、陈皮和水果等搭配进去，最后制成香茶。

"婆婆共炮制成茶1400余公斤，一代又一代的矿工喝着欧学联的特产香茶达半个多世纪。为了感谢她对矿山和矿工的深爱之情，大家就把这种茶称为'学联茶'。现在我们仍然坚持采茶制茶，让矿工们一直都能喝上'学联茶'。"

"母亲不仅为矿工服务，更把矿山当成了自己的家，谁家有个三长两短、病病灾灾的，都能得到母亲的帮助。"夏明军说，"以前矿上有位老人叫葛有禄，是一名老八路，抗战时期参加了上百次的战斗，身上有十多处枪伤，还患有二期硅肺病，没有子女。母亲知道后，在父亲的支持下承担起照料葛大爷的任务。母亲经常带着我们兄弟三人去老人家里干活。葛大爷还为我们讲述抗日战争的故事。母亲照顾了葛大爷20余年，每次葛大爷病重住院都是母亲忙前忙后的。葛大爷活到 87 岁，对于一位满身伤病的老人来说实属不易。葛大爷逢人便说：'我能活这么大的岁数全靠学联了。'葛大爷去世后，母亲又第一时间上交了其留给她的房子。"

50 年来，欧学联为矿工们拆洗被褥达 20 年，长年为矿工包"学联粽"，还为矿工缝制鞋垫 27.9 万双……她将助人为乐的传统美德和共产党人无私忘我的人生观结合起来，对党忠诚、对人民感恩，不求回报，矢志不渝。祖国在不断进步发展，她的追求和初衷从未改变。

"学联姐在矿工中有很高的声望，她家一度成了'群众接待站'。"

——"欧学联学雷锋小组"成员刘艳霞、张林英

今年 65 岁的"欧学联学雷锋小组"成员刘艳霞告诉记者：

"学联姐经常跟我们说：'咱们煮点茶、包点粽子、缝几双鞋垫，都只能解矿工一时之急，还得帮助矿上解决大事情。'老姐心眼好，做好事多，在矿工中有很高的声望，所以很多矿工和家属都愿意跟学联姐聊天。尤其是煤炭行业不景气的那些年，她家一度成为'群众接待站'，一些上访的'钉子户'也在学联姐的帮助下解决了实际困难。

"矿上有一个叫刘桂梅的矿工遗孀，30 岁就守寡了，家里还有 3 个小孩。几年后，矿上为她的大儿子和二儿子安排了工作，剩下小女儿的工作没着落。所以，她长年组织六七个人到市里、省里乃至北京上访，成了有名的'上访专业户'。学联姐知道这件事后多次找她谈心，又去街道为她的女儿办了低保，还多次向矿领导、集团公司的领导反映，帮助她解决实际困难。这让刘桂梅深受感动，不仅放弃了上访，还加入了'欧学联学雷锋小组'，跟着学联姐上山采黄芩、到部队和井口开展慰问活动。"

68 岁的"欧学联学雷锋小组"成员张林英说：

"桂梅的事情我们都知道，平时我们能帮就帮她，这也是学联姐经常说的话。学联姐帮助上访人员解决了很多困难，有 100 多人放弃了上访，还帮助许多年轻人实现了就业。

"2007 年 10 月的一天，学联姐得知有 40 多名矿工家属因子女的就业问题准备进京上访，她特别着急，一方面让家人赶紧通知矿上，另一方面又赶紧去做上访人员的工作，让大家先安心工作，并拍着胸脯保证'让孩子们都能上班'。出了上访人员的家门，我们都犯了愁：我们有啥关系能解决这么大的事情？学联姐就说：'矿工相信咱，咱不能失掉信誉。'后来，她带着我们四处奔波、多方联系，大同市劳动局有她的身影，矿区、南郊区政府大院留下了她的足迹，原同煤集团劳务公司她更是常客。经过不懈努力，她帮助 200 多名矿山子弟找到了合适的工作岗位，为企业稳步发展作出了贡献。多年来，学联姐帮助职工子弟联系工作跑的路足有 3 万公里，自掏路费 2000 余元，而她自己没有从中捞一点好处、得一分钱。"

从 1966 年河北邢台发生强烈地震开始，每一次听到哪里发生重大自然灾害，欧学联总会以写信、捐款捐物等形式贡献自己的力量。在她心中，国家的安定团结离不开一家一户的柴米油盐。所以，她总是不辞辛苦地为矿工解决实际困难。也正是因为她的辛苦付出，解决了矿工的后顾之忧，矿山的"后勤部门"才能长年稳定。

"当年我采访过欧学联很多次，她就是那种不图名不图利的人！"

——80 岁高龄、曾担任《同煤工人报》编辑的王生宝

在王生宝老人的家中，至今仍然存放着当年采访欧学联的一些

照片和稿件。在老人心中，欧学联是当年乃至今天煤海战线上的一面巾帼旗帜。

王生宝十分感慨地说：

"我与欧学联认识多年，她瘦小，但执着，常常为了做好事牺牲自己。在她的心里，时刻装着的是矿工、群众。她东奔西走筹集资金，先后为社区办起了托儿所、学前班、校外辅导站；她扶危助孤、济贫帮困，先后赡养、帮助孤寡老人、退休工人以及家境贫寒、患特大病的群众，最让人敬佩的是她的这种持之以恒做好事的精神。看看欧学联一生做过的好事，很多事是平凡的甚至是不起眼的，但她从没有以善小而不为，总是把每件好事做到最好。一个从来没有固定职业的家庭妇女能有这样的觉悟和意识，靠的是时刻以党的根本宗旨这把尺子衡量自己，靠的是以自身的模范行为展现出一名共产党人对社会的责任和对人民的承诺。

"欧学联的这种精神是一种理想信念，是可以将民众团结起来、增强民族凝聚力的理想信念，是每个共产党人树立正确人生观的榜样。所以，我们向欧学联学习，学的是她热爱祖国、忠诚于党的精神，学的是她立足平凡、追求崇高的美好情怀，学的是她乐于助人、无私奉献的高尚品格。"

"您不远千里来病床前看望我，让我十分激动。这是祖国和人民给予我最大、最珍贵的褒奖！"

——第 75 个"兵儿子"高铁成

"我愿做高山岩石之松，不做湖岸河旁之柳；我愿在暴风雨中——艰苦的斗争中锻炼自己，不愿在平平静静的日子里度过自己的一生。"欧学联牢记雷锋日记中的这段话，对解放军的深情厚谊让她成为 75 个"兵儿子"的妈妈。

"母亲从小就跟我们说，当年家中贫困之时，是两名头戴红五星帽子的解放军和一名村干部把一担粮食和一头耕牛送到家中。加上父亲也是解放军，母亲一直对军营有着特殊的感情。"夏明军说，"当年我刚到当兵的年龄，母亲就让我去街道武装部报了名，但是因为身体原因没当成兵。后来，母亲又把我的二弟夏明亮送到了部队，让他成了一名解放军战士。她觉得有志男儿就应该去当兵。"

1991 年，欧学联应邀到驻同某部队慰问，并向全体官兵介绍了自己的事迹，没想到坐在前排的战士王斌哭出了声。原来，王斌是一个孤儿。欧学联找到他心疼地说："如果你不嫌我土气，今后，我就是你的妈妈，有啥心里话，你就常给妈妈说。"就这样，欧学联慢慢认下了 75 个"兵儿子"。

为了尽到母亲的责任，欧学联三天两头去看望她的"兵儿子"，逢年过节还把他们叫到家里一起吃饭。有个叫陈佃江的"兵儿子"打算考军校，欧学联非常高兴，就让当中学教师的二儿媳找来各种复习资料为其提供帮助。陈佃江身体瘦弱，欧学联把部队首长和地方同志送给她的营养品转送给他。得到兵妈妈的鼓励和帮助，陈佃江考上了军校。临走时，欧学联和儿子夏明军送他到火车上，并把准备好的 200 元硬塞给小陈。

军校的锤炼，不仅塑造了小陈坚毅的性格，还大大提高了他的文化素养。想到与欧学联的母子深情，他在给欧学联的回信中写下了这样发自肺腑的话："我作为您的儿子，深深地理解妈妈的心。您好像大同的一块煤，无私地把光和热洒向社会、洒向军营。您期望国家安定强盛的良苦用心，我哪有不理解的呢？我一定做一名对部队建设有贡献的军人，报答妈妈的深情厚谊。"小陈的话说到了欧学联的心里，这对母子的心贴得更近了。

　　欧学联为"兵儿子"操心，"兵儿子"们也为她争气。他们中有两个人荣立个人三等功，有3个人入了党，其他人也全部受到嘉奖。欧学联的事迹在社会上传开后，山西、内蒙古、甘肃等地驻军的孤儿战士纷纷写信，要认她这个"兵妈妈"。高铁成曾是北京卫戍区某特警团士官，在一次见义勇为中负伤。欧学联看到他的感人事迹后连夜赶到病床前看望他，高铁成激动不已，并在痊愈后成为欧学联的第75个"兵儿子"。

　　20余年的时间里，欧学联行程数万公里，到7个省、市的数百座军营看望陆、海、空、武警官兵720多次，为部队送去18万多双鞋垫和18面锦旗及8900多公斤的粽子。联合国维和部队、"南京路上好八连"、杭州"硬骨头"六连、沈阳抚顺雷锋生前所在团、国旗护卫队等地都留下了她的足迹。南疆卫国的战士在猫耳洞里读过她的信，喝过她的"学联茶"；北国拉练的健儿在行军途中听过她的演讲，吃过她的煮鸡蛋；驻港、澳官兵通过总参、原广州军区收到过她亲手缝制的400双鞋垫和国旗以及信件，部队官兵都称她是"编外的政委""子弟兵的好妈妈"。

　　欧学联的感人事迹还有很多，我们不能一一叙述。在寻访过程中，她的亲人、她的好友、她的同事谈起她的过往时依然感动，依然热泪盈眶。虽然都是一些平凡的小事，但是欧学联给矿山留下的是一笔宝贵的精神财富。如今，在永定庄煤业公司，在"学联精神"的感召下仍然活跃着许多热心人，他们热心助人、不计报酬，将"学联精神"发扬光大，并将"学联精神"这面旗帜永远竖在矿工的心中。

思考

从立题到成稿，有一个问题一直无法得到满意的答案：欧学联为什么会这样做？

宁可让自己的孩子饿着也要先喂别人的孩子，将分到手的楼房转给有需要的家庭，将矿上给儿子的工作指标送给困难家庭，在那个本不富裕的年代借钱去做好事……在今天看来，很多人认为"不可能"。

时代的烙印，感恩的心态，对党的忠诚，欧学联把做好事当成了一种本能，把帮助别人看得比自己还重，身患重病却仍然慰问官兵。崇尚"有"，不恐"无"。在欧学联纪念馆中，我们看到了她的"大无大有"。

就如同欧学联那样，我们要心怀感恩，将"学联精神"发扬光大，在平凡的岗位上争创不平凡的业绩，以积极的姿态，自觉自愿地为祖国的发展和实现中华民族伟大复兴的中国梦贡献所有力量。

人活着要有怎样的追求？看看欧学联，我们就知道了答案。

本文刊于 2022 年 9 月 22 日《山西工人报》

山西工人报

SHANXI GONGREN BAO

山西省总工会主管主办
山西工人报社出版

新闻责任　工会声音　职工精神　维权担当

山西工人网 http://www.sxgrw.com
E-mail:sxgrb@163.com

今日四版

国内统一连续出版物号 CN14-0003　代号 21-10　2022年9月 **22** 日 星期四　农历壬寅年八月廿七　总第 10669 期

我国消费电子产销规模均居世界第一

省总组织参加"职业健康达人" Show 短视频征集遴选活动

山西重大工运事件重要工运人物寻访展示

欧学联：一生都在做好事的共产党人

本报首席记者 姜岭

欧学联在部队慰问通讯员时的女兵

山西这十年·系列主题新闻发布

新型工业化步伐显著加快 全省工业和信息化发展迈上新台阶

近十年我国服务业增加值年均增长 7.4%

晋城市总兵分多路深入基层进行专题调研

全员硬核"追风速度"再展新形象

——阳泉平定二期风电项目首批风机并网发电

本报首席记者 吴楠

喜迎二十大

（下转第 4 版）

（下转第 2 版）

山西重大工运事件重要工运人物 寻访展示

欧学联：一生都在做好事的共产党人

[上接第1版] 誓誓眼前浮现出小丘的花生叶，散了的二盘可写是蔬菜了。这时候二年下巴里呼，寒誓眼睛差着起花生叶边缘落泪，母亲一把把二盘拉住的身边：说这不过是他亲手的孩子一火亲坚好她一辈久地东妈地娶的那坡排起，自宋，我们家出二年火女子久亲代保他们主义生死调整整。他说，我们把山当了自己的主块，噎说的比这真实，明暗了二次的事他。

"每给的孩子露了寒征在这说：事上了，那分年，经出土这个根下的凡是，人们在花生坐成书上安宋更好……"每给的清子碎了寒征在这说——个年出来寒征叶点下，给二顿落寒下的最的时特写暖坡，一个这末时，这斗一一望最正大跟一个二年火女。

"婆婆把矿山当成了自己的家。"
——长德闫福梅

在纪念馆前的一角，如今还存放着一条"学联床"，这床是欧学联下乡工作时用的。在大白天二人们用，"连麟是这得口"学床子"时就下来真正的女儿。"作为寒亲

婆曾命的闫福梅说过矿亭1400余公卡，一生一心的工厂福建窟给着各种卷蓝女土的多矿工，对了聚合给出矿出二过矿聚的之爱窟，大欧斯就经从轻连窟的"学床"，现在我们的传做着床等亲窟。上下二人来真整晚。

"母亲床几发矿工二年，更把矿工当成了自己的孩子，谁就当了三十男场，雷而无欣，都能得到温暖的帮助。这像她的帮是'做什么的'的'想么接待'，一些上次的女儿下面孩，把孩了上点外给持手我上窗的住或这身三一一人我带。从了老老，我女手和寒头，在这矿的各个中和谐进，从身手和各年代谈讨着着年当寒十事年的年代进，没有子女，晚至是连孩来做女头的我小床看来矿工上窗的你去们合不二年吃好，身上物开大各工妇的是乱让……寒征我从家矿你村全部我学联了。"高矿十年老生生，每来只三一年时叫立学好这事的是十哪了，你才真人"学联的"工出。

68岁的"欧学联丰罗小姐"收女林到说——

"妈妈把事情做的都地口聚，让我十分感动，这是我国人民给予我最大、最珍贵的褒奖"——第75个"凡儿子"高秋成

"我算也看，后二之人，只他被来开管之时，我要写看送矿一场在平和着那于子品面立在一次一吃生面立，'欧学联床'给二妇联解已的十生，'欧学联'品会自建你你人民小于上，一场工矿地，山西、内蒙古，甘肃南地站来的我，让二十们在寒

欧学联到利队型可赏典

中得一点点地，导一分钟。"
从1966年开始矿当主主持矿地的矿头，每一次矿头事重着工做主宝一百次灾害，欧学联全会自忘宝，指地矿出帮有书靠自己的实量，生地之中，国家的安定显得寒不平一身一次的帮卒流起。同时，她与看那哥哥地十二盟在本国年间，往正是五九约自己付出，寒人下下了二二为工的信给以人心的"。

恒赏时了"寒的长年措理"。

"两年我采访过欧学联组多次，她就是那种不围名不围利的人！"——80岁高龄、曾担任《同煤工人报》编辑的王生宝

在王生宝看人的眼中，是一个依存地寒当年所说那欧学联一生那十书籍件。在他人心中，欧学联就是当年五五六的满隘战线上的一面不碎旗帜。

王生宝一计看感地说：
"本报实事的矿中，地矿，很温着，时从看着了矿工，于心地谈安排帮助矿工。她给矿出吃自看，还吃矿出是外地她……想办接待这个，一些上门的女儿了孩，把孩上送外给持手……'钉子声'点给家欧就帮到于解决了。

"欧学联的这个理做本身一种很温美的了矿中，让赶来正真和堪堪。增增民力的文化自富育，在矿工回里上一代三一代代得续了上'上大学会'，欧联给这事从各自己的本儿母身去立人矿子真看寺，正矿女能她的这事人，一个小来自有国里矿那欧就让来正面于一个自己、目身待有情性下看高明匝一一名矿工定火工女会矿给地的寒怀做的深

"欧学联床的这种精神是一种理活美育，逝到一次人事结起地。增增民文力的文化自富育，她给出新时一代三一代得续上'上大学会'，欧联给这事从各自己的本儿母身去立人矿子看寺。正女能她的这事人，根着缩缩的探事工很能是这自一名矿工定下火工女会矿给地的寒怀做的深"

军，今冬，我就是你的给给，有缩心的温情，你就要缩给你，"矿过年，欧学联缩是二这个"7人75个'儿子"之一。

矿了欧学联当年开始的"兵工子"，连来立市正地给70多家缩里一起地进，有个小牛地点'兵兵子'屡属矿矿。

欧学联的矿事呢，起各地看的一二工进体地居名矿都看，在他正身作愿意，欧学联初社区首书给地方年各矿矿及工姆热，缩看高矿矿好帮社群和矿热，她心你看上工数，山西各组有给出真我，并抱住各好约200名缩篇看一件。

军学校的矿福水，不仅缩倒了一件，也，她主持矿工务联在的文化事矿热，缩二本约二到广子正看，也给书法给欧学一一条次等一块，来乱给约地点仍有的矿出事矿看情。奥学联给工寺书这住长年，给一些东一名的这书，更个来自约有国里矿欧就让来自面于一个自己、目身待有情性下看高明匝一一名矿工定下火工女会矿给地的寒怀做的深。

欧学联与丈夫圆上勤登整理缝制的鞋垫

20岁年时初初四，欧学联初开始矿下乡盟，矿今一个，曾矿乡的照日寒这下乡走，为了寒方便大众人，在一次工人与盛的矿子中，欧学联要寒一个热杯，在工矿盟为你从看在正任间就，欧学联在看书寒矿，寒联给走主主给长约各村75个"兵儿子"。

20岁年时初初四，欧学联初开始矿下乡盟，矿今一个，曾矿乡的照日寒这下乡走，为了寒方便大众人，小时的给出近18万多双鞋给，对18面缩排及8900多公千的矿子，职全国缩好约500名缩篇给一件。

她矿的长年生前寒给自看一件件矿出到寒面手给相的400双鞋盟和围啊以及矿呀，她心富良能力物是"缩而初欧联给"与兵儿盟缩给着。

欧学联的故事说还是很多的，我们不能一一记述，记表待事每上她，地给好友、她的邻里、她的事迹能够给

思考

"欧学联始在矿工中有很高的声望，她是一度成了'群众接待组'，"
——欧学联学雷锋小组'成员刘艳霞、侯林英

今年65岁的"欧学联学雷锋

10年间我国专任教师增长近400万人

新华社北京电（记者徐壮）我国专任教师增人，2012年的1462.9万人增加到2021年的1844.4万人。各级各类教师中，本科以上学历、学历合格比，从35.2%提高至70.3%，研究生学历"双师型"教师比例达50%，新进以下研究生占比达22.9万以教师增长42.4万人，博士研究生增长6.9万人增加到13.2万人……近10年来，我国教师队伍实现了量质齐升……

了由事为的"中专、专门、本科"三级教师教育育专"学院、本科、研究级三级教师教育体系……

教师教育体系不断优化，教师资源发展更优，教师能体育向发展育本发展……

任交级建置，来年近结缩建师盟资约得出资各缩矿资育一，正矿公正矿盟，给矿村矿，矿与矿约育"推产盟盟矿一一二"次"主辅的第25届全国"推产通话宣传周活动

运城市开展推广普通话宣传周活动

本报讯（首席记者宋俊图）9月12日至9月18日是第25届全国"推广普通话宣传周"，连日来，运城市各级教育机构给一步贯彻落实矿文化育，强矿矿的一步加强普通话矿工矿，积极矿给第25届全国"推广普通话宣传周活动……

真工以普通话的工作提升工作对育措施，运城市各约矿各约工矿矿，矿看约与约给矿育约活动……

快约我给一身，各级各级师生们约矿约矿的多年约言约矿活约的矿工约给一步给给身正文初矿工活动，矿矿矿矿约的我约给一身给矿给给，活寒给约矿给寺给……活矿盟约给给矿约约给……

王贵英：炼钢炉前走出的山西省第一代全国劳模

贺芳芳

铭刻 他是一名普通的炼钢工人，坚持中国共产党的抗日主张，在工人中宣传马克思主义思想，组织工人运动，抵抗反动政府的统治，是工人运动的领导者；新中国成立后，他积极投身恢复生产，潜心钻研技术，不断创造生产奇迹，是山西省第一代全国劳模，受到了毛泽东同志的亲切接见；他坚守一线岗位、提高生产效率，在爱国主义生产竞赛运动中表现突出，一周内连续 8 次创造新纪录，接近当时的世界先进水平，被国内外称为"新中国蒸蒸日上的一项标志"。从革命斗士到炼钢能手，最后成长为全国劳模、工会主席，王贵英用奋斗书写了一名普通工人辉煌的一生。

"这是我父亲获得的全国工农兵劳动模范勋章。"7 月 18 日，山西省第一代全国劳模、原太钢（原太原钢铁公司）炼钢部平炉工长王贵英的女儿王秀兰小心翼翼地打开一个包裹得很严实的纸盒，里面大约有几十枚大大小小的奖章，她拿出其中的一枚告诉记者。

铜制的勋章虽然经过近半个世纪，仍然熠熠生辉。勋章边上一圈写着"全国工农兵劳动模范代表会议纪念章"字样，内圈由麦穗、坦克、长城围成，中间是一颗红色为底的金色五角星。"这些都是我父亲的奖章，是他作为一名普通工人光辉的一生最好的证明。"

王秀兰自豪地说。

1950 年 9 月 25 日至 10 月 2 日，全国工农兵劳动模范代表会议在北京隆重召开。王贵英代表山西工人出席盛会。在《中国工业遗产故事》一书中记载：王贵英被评为山西省第一代全国劳动模范，受到了毛泽东等党和国家领导人的亲切接见。

在寻访中，我们找到了王贵英的子女及他曾经的工友。在他们的回忆中，在那些代表着王贵英辉煌一生的多枚劳模勋章中，我们仔细找寻着这位劳模那些激动人心的奋斗故事。

不畏强权英勇斗争，他是忠实坚定的革命者

"我父亲在世时，很少和我们说起工作的事，也很少说起小时候的故事，只是经常感慨，让我们珍惜现在的生活，好好工作，对党忠诚，服务人民。"王贵英的儿子王三柱一直珍藏着一本书——南京出版社出版的《中国工业遗产故事——西北炼钢厂故事》，"很多事我也是从这里知道的"。

书中记载，1917 年，王贵英出生于太原阳曲县南龙泉村的一个雇农家庭。当时，他家只有两三间破窑洞和一些贫瘠的山坡地。由于生活困难，王贵英的父亲只能在地主家当长工。贫穷和苦难让王贵英养成了不怕苦、不怕累的品质。1937 年，日军侵占山西，本已贫困不堪的王贵英家更是雪上加霜。为减轻家里负担，王贵英离开南龙泉村，到日军控制下的太原铁厂（原太钢旧称）打工谋生，成为炼钢平炉车间的一名炉前工。当时，他和工友们住在古城，穿不上、吃不饱，还经常挨日本工头的毒打。屈辱的经历激发了王贵英心中的斗争热情，在他心里埋下了革命的种子。

1944 年，王贵英回老家阳曲探亲时，接触到在当地活动的晋绥

边区第八分区城工部阳曲县工作团的地下工作者。他们向王贵英宣传了中国共产党的抗日主张。回想自己在工厂受到日本侵略者压迫的经历，王贵英心中燃起了革命的火焰。于是，他向中国共产党领导的地下组织确立了工作关系，在太原铁厂从事党的地下工作。

回到工厂后，王贵英把自己在工厂内了解的情况定期向城工部领导人汇报，并将太原城北的交通、工厂分布、敌人驻兵与碉堡位置等绘制了地图，协助城工部和前线工作团开展抗日斗争。抗战胜利前夕，王贵英等人的革命活动引起了敌人的警觉，党组织为了保护王贵英等人，命令他们撤离太原。

1945年，抗日战争胜利后，阎锡山接收了日本控制下的太原铁厂，并将其复名为西北炼钢厂。1946年6月，阳曲城工部指示王贵英回到西北炼钢厂工作。这一次，王贵英执行党组织的又一个重要任务，即团结带领广大工人同阎锡山政权作斗争。党组织指示王贵英必须在做好隐蔽工作的基础上开展秘密活动，同时要揭露阎锡山的政治阴谋与迫害工人的罪行。王贵英回到西北炼钢厂时携带了大量的革命传单，上面印有革命歌曲、告工人书、国际形势、共产党政策等内容，还描述了解放区与阎匪统治区人民的生活对比。他通过熟悉的工人将这些传单散发了出去。当时党在西北炼钢厂的地下工作人员还有焦炉工武栓虎、平炉工王殿英以及电化厂芦河保等一批先进工人，他们积极组织工人开展斗争、搜集情报，定期向党组织汇报，在西北炼钢厂形成了一个白色恐怖下的红色堡垒。

1948年，阎锡山领导的特务组织"特种警宪指挥处"开始大肆搜捕地下党工作者和进步工人，王贵英也在被捕行列。敌人逮捕王贵英后对他进行了百般折磨、严刑拷打，但他硬是咬紧牙关，没有暴露我党的一点情况。

王贵英被捕后，进步工人们十分焦急，想方设法营救他。一天，平炉工长温超良去看他，见他被敌人折磨得不成样子，激愤地流下了眼泪。温超良组织工人以消极怠工的方式营救王贵英。他们故意制造生产事故，使平炉几天不出钢，就算出了钢也是废品。阎锡山着急了，派出西北实业公司负责人将当时的平炉生产负责人训斥了一顿，并把炼钢工人温超良等人叫来，追问不出钢的原因。温超良见时机已到，便说："炼钢主要是技术问题。好炼钢手扣的扣、捕的捕，留下的都是些半瓶子（技术不熟练的人），怎能炼出钢来？"于是，温超良向敌人提出了只有释放王贵英才能出钢的条件，最后敌人只得同意释放王贵英。

记者在寻访中发现还有一些历史《中国工业遗产故事》里没有记载，王三柱也未曾听说过，只有在《太钢工运史》中记载着当年王贵英领导工人运动时的轰轰烈烈。

据记载，那一次被捕的经历不仅没有打垮王贵英，反而更加坚定了他反抗阎锡山统治的信心和决心，组织工人开展了"抢食堂"运动和"三斤米"运动。

1949年春，阎锡山已进入垂死挣扎阶段，为了维持其反动统治，他加紧了对人民的迫害和剥削。西北炼钢厂工人每人每天只能领到12两（旧秤）红大米或杂粮，一个个饿得面黄肌瘦。

然而，厂里的职员却是另一番景象。他们吃的是大米、白面，每月还可以领一袋洋面、两条顺风烟以及蔬菜、罐头等补助，许多职员家里还开辟有菜园。此外，厂里还有一座食堂供职员吃午饭，工人们形容职员的生活为"八角帽子头上戴，4个馒头一碟菜"，与工人的生活形成天壤之别。

鉴于此，王贵英、武栓虎等人决定组织工人们抢夺职员食堂的食物。他们在向上级汇报后，立即在工人中间开展串联，号召大家团结一致，准备抢夺职员食堂的食物。一时间"抢食堂"的声音传遍了炼钢厂的每一个部门和车间。

1949年2月的一天中午，正当西北炼钢厂的职员们准备开饭时，工人们从四面八方拥向食堂，把食堂和厨房的几十笼莜面和馒头抢得一干二净，甚至连食堂里腌好的咸菜都连缸搬走。后来，工人们又趁机抢夺敌人储藏粮食的库房，将大米杂粮等也全部搬走，放到各个车间藏起来。地下党组织领导的"抢食堂"运动顺应了工人们的需求，使大家认识到团结的重要性，一度缓解了工人们饥饿的状况。

1949年3月，解放太原战役已经到了最后关头。可是，据守太原的阎锡山军队仍然负隅顽抗，拒不投降。他们为了修筑城防工事，要求西北炼钢厂提供更多的钢材。由于厂方为工人发放的粮食越来越少，饥饿的工人们早已无力工作。上级党组织十分关注西北炼钢厂的情况，建议炼钢课地下工作者王贵英等密切关注工人的动向，在适当的时机组织罢工。

王贵英来到车间，看见工人们忍受饥饿的折磨，无精打采。一名工人向王贵英抱怨道："今天一大早就让上工，我连一粒米都没下肚，照这样下去不得被活活饿死吗？"这名工人的遭遇其他工人也感同身受，大家围了上来，纷纷向王贵英诉苦。

王贵英见工人们情绪激动，认为组织罢工斗争的条件已经成熟，便对工人们说："各位工友，要炼钢就得吃饱饭，不解决咱们的吃饭问题，就不给出钢。"于是工人们在王贵英的领导下掀起了罢工运动。

炼钢课的罢工运动引起了敌人的警觉，他们派出一名副课长处理此事。这名副课长为人十分狡猾，某日他叫王贵英来到炼钢课办公室，先对王贵英进行恐吓，说："再煽动工人们闹事，有你好看！"见起不到作用，又换了一个口气，想拉拢王贵英，遭到了王贵英的拒绝。这时，工人拥进办公室向副课长提出："如果一天不发3斤米就不出钢！"谈话间，门外聚集的工人也越来越多，最终厂方只能答应工人的要求，这场罢工斗争取得胜利。

在这场工人运动中，王贵英有序组织并进行思想宣传，启发工人们的阶级觉悟，号召他们勇于斗争，在团结广大工人并为他们争取生存权利的同时，也获得了工人的拥护。

"三斤米"斗争后，王贵英在进步工人的帮助下摆脱了特务的监视，逃出了西北炼钢厂。

不怕困难积极钻研，他是闻名全国的炼钢能手

提起王贵英，女儿王秀兰几度哽咽："这辈子最大的遗憾就是和父亲在一起的时间太短了。"据她回忆，父亲年轻的时候，一心扑在工作上，很少能在家里见到他。

1949 年 4 月，西北炼钢厂迎来了解放，更名为西北钢铁公司。王贵英回到了自己熟悉的炼钢平炉车间，与工友们一同将全部力量投入炼钢生产工作中，为建设新中国贡献力量。在此期间，王贵英始终奋战在生产第一线，是最敬业的炼钢工人。回到工作岗位的王贵英被任命为高炉丙班班组长。他带领该班工友全身心投入炼钢生产，不断刷新炼钢部的生产纪录。

在王秀兰的记忆中，父亲经常不在家。早晨兄弟姐妹们还睡着，父亲已经上班走了，晚上回来时往往他们已经睡了。即便是周末，父亲也经常去加班。让王秀兰印象比较深的事就是母亲经常半夜喊她或者哥哥起床。因为父亲没有回家，他们相跟着去工友家里打听情况，是生产上遇到问题了，还是机器出了故障，或者是谁家遇到什么困难去帮忙了。"那时候没有电话、手机，有消息不能及时通知家人，只能挨家挨户去打听。"王秀兰告诉记者，一旦生产中遇

到问题，父亲总会留在现场，不解决问题是不回家的。

1949 年 10 月，炼钢部一号平炉前壁出现问题。由于温度过高等原因，炉顶砖失去靠力，随时可能因膨胀松散而倒塌，造成生产事故。这时，干部和工人都束手无策，可王贵英不信邪。他苦心研究，把炉顶的部分耐火砖拆下，找了一块同样大小的铁板，用氧乙炔焰焊接好之后又添加一些耐火砖，最终修理成功。平炉修缮工作完成后，在王贵英带领下，工人继续投入忙碌的生产。同年 11 月计算产量时，丙班创造了炼钢生产的新纪录。在太原钢铁厂劳模评选大会上，王贵英光荣当选为特等劳模。与此同时，王贵英通过了党组织的考核，正式加入中国共产党。

成为党员的王贵英更加努力地投入炼钢生产，悉心钻研生产技术，虚心向技术人员请教，成为炼钢部工人们的榜样。经过苦练，他能准确地掌握炼钢时间，在铸炼中可以正确判断成品钢内部各种成分的多少，从而适当地添加氧化剂和溶剂，使成品钢锭达到产品标准。他把炼钢平炉当成了自己的好伙伴，对平炉的操作与维修流程十分熟悉，就像医生熟悉人的身体一样。1949 年 12 月，炼钢平炉的炉床发生故障，影响生产。那时候用来修制炉床的镁砖质量较差，难以长期使用。王贵英与技术人员一起研究，最终想到了一个好办法：将镁砖打碎代用，之后填补、烧炼炉床。他的做法不但修好了炉床，而且使炉床的使用时间也延长了不少，为工厂节省了原料。

1950 年 1 月，工人们发现炼钢炉的炉温总是达不到要求，以为是供热的煤气出了问题。王贵英经过仔细检查后最终发现，炉温无法提高是因为炉中煤气太多，过大的密度和压力造成煤气不能充分燃烧。于是，他马上叫工友打开烟囱，只用了不到 10 分钟，炉温迅速升起，达到了生产所需的标准。

正因为王贵英的不断钻研，当时太钢流传着一句话："平炉就怕王贵英。"据工人回忆，有一次，炼钢部组织大家修理平炉出钢口。这项作业首先要除去旧的残铁残渣，修理工用氧气烧、铁棍打，4 个小时也没有完成。眼看着停炉时间越来越长，这时王贵英冲上去用自己的办法处理，很快完成了工作。

1950 年 4 月，苏联专家建议炼钢生产应将"冷装"改"热装"，即炼铁高炉出了铁后，马上倒入炼钢炉。这样不但可以节省作业时间，而且能省工省料，只是操作难度有点大。王贵英接受了苏联专家的建议。经与技术人员商议，他们想出了办法，并首先在他的丙班完成了该工作，使生产效率迅速提高。

在 1950 年初的几个月里，王贵英在生产一线不断创造奇迹，带领丙班工友们首创了"双包出钢法"和"快速炼钢法"，缩短了炼钢作业的时间并提高了产品质量。据资料显示，当时炼钢部的钢产量比日据时期提高了 3 倍以上，出钢时间则缩短了近一半。王贵英在生产上不断取得成绩，受到了上级领导的重视。王贵英多次被评为太钢和市里、省里的劳动模范，太原市工业部门多次号召全市工人阶级向王贵英学习。1950 年 9 月，《人民日报》刊载了由太原钢铁厂通讯组署名的文章《太原钢铁厂炼钢能手王贵英》。王贵英还当选为第一届全国劳动模范。就这样，王贵英成为山西省第一代全国劳模，更成为 20 世纪 50 年代全国家喻户晓的炼钢能手。

"这是我父亲被评为太原市工业劳动模范时获得的奖章，这是在太原市先进生产小组代表会上获得的太原市五一纪念章，这是参加 1950 年 11 月山西省工农业劳动模范展览大会的纪念章，这是参加山西省工农业劳模大会的纪念章……这个最珍贵，是 1950 年全国工农兵劳动模范代表会议纪念章。"王秀兰的宝贝不止这些。"这张奖状上写着'王贵英同志在爱国主义生产竞赛运动中对工农业生产有重大贡献，于首届工农业劳动模范大会中评定为劳动模范，特颁给奖状'。还有这张，山西省人民政府奖状，'在伟大爱国主义增产节约运动中创造成绩卓著，特奖给王贵英特等模范称号奖状'。看着这些，觉得父亲这一生，值了！"王秀兰言语中充满了骄傲和自豪。

积极参加劳动竞赛，他让十里钢城竞赛红胜火

"我的父亲是个'倔老头'，无论什么事，都想做到最好。我们小时候，父亲几乎不和我们开玩笑，在我心目中是个名副其实的'严父'。"说起父亲王贵英，儿子王三柱和女儿王秀兰的感觉完全不同。

"他的倔，体现在工作中就是一股不服输的劲头。"王三柱回忆道。1951 年，在爱国主义生产竞赛运动中，王贵英带领炼钢部职工与轧钢部开展劳动竞赛。那段时间，他一心扑在工作上，埋头钻研炼钢技术、改进生产工艺、提高生产效率，力争要在竞赛中拔得头筹。

据资料显示，随着朝鲜战争的爆发，全国上下开展了支援抗美援朝运动。为了提高工业产量，支援前线战斗，国家工业管理部门主张在广大厂矿企业中组织开展爱国主义生产竞赛运动，广大工人的生产积极性空前高涨。

1950 年 10 月，太原钢铁厂首届工代会通过了《开展爱国主义生产竞赛运动决议》，全厂爱国主义生产竞赛运动正式开始，并随着应战马恒昌小组的挑战而达到高潮。

1951 年初，黑龙江齐齐哈尔第二机床厂的模范小组马恒昌小组宣布向全国工人发起挑战，并写下挑战书，向上级保证在单位时间内完成规定任务。很快，全国上下掀起了挑战马恒昌小组的热潮，太原钢铁厂也不甘落后。1951 年 2 月，太原钢铁厂运输部和修造部两个小组率先应战马恒昌小组，并写下挑战书。不仅如此，相同部

门的各生产小组之间也开展了竞赛。3月，王贵英所在的炼钢部与轧钢部两部门发起竞赛，并订立竞赛合同，在太钢掀起了一股竞赛热潮。

两部门之间的竞赛合同受到太钢自己办的企业报——《钢铁小报》以及《太原日报》《山西日报》等地方媒体的高度关注，并纷纷进行报道。工人们见自己的竞赛受到如此重视，便更加热情地投入生产。

两部门竞赛合同显示，此次竞赛由太钢工会负责领导，党委青年团组织计划人事室、生产课、检验课等部门共同监督，保证了竞赛的公平性。竞赛合同还建立了评分机制。该机制依据生产安全、成本节约、群众活动、产品质量和产量等环节得分确定总分，由上述监督部门进行评分，分阶段公布情况。

在生产竞赛运动中，《钢铁小报》《太原日报》纷纷刊载竞赛合同，公布评分细则，涉及企业生产的方方面面。如在产量方面的规定如下：完成计划产量为满分，未完成者扣分，每差 1% 扣 15 分；创造月产量新纪录者加分，每超过新纪录 1% 加 10 分。在群团组织活动方面也设置了相应的计分标准，主要依据职工业余文化学习出勤率和合格率制定计分标准，并由职工业余学校负责记分。

为了监督两部门的竞赛，太钢党委、工会和青年团组织联合技术部门确定了每月审核与瞒报扣分制度，进一步保证了竞赛的公平性。太钢炼钢、轧钢两部门之间的爱国主义生产竞赛在全厂乃至全市职工的注视下开展。

在近 3 个月的角逐中，两部门不分上下均取得了优异的成绩，因此都开始思考应对办法。为了在竞赛中取胜，轧钢部将竞赛责任落实到职工个人。例如该部某小组为此制订了职工个人积分制，将职工个人的荣誉与小组挂钩，进而与轧钢部竞赛成绩挂钩。这些尝试使其受益颇多。

　　太原钢铁厂爱国主义生产竞赛运动的高潮，是为志愿军捐献"太钢号"战斗机。时至今日，许多老工人还记得当时为了实现捐献任务，大家争先恐后投入生产的那段难忘岁月。

　　为了完成增产捐献任务，不同部门小组乃至职工个人之间都进行了竞赛。各个部门提出生产口号以鼓舞人心。炼钢部王贵英代表平炉丙班提出了"战胜时间就是战胜一切"的口号。在这种思想的指导下，王贵英和工友们经常拼命加班、奋力工作。

　　在一次生产竞赛中，平炉出钢口因为温度过高而坍塌。王贵英带领平炉车间的工友们披着冷水浸湿的被子，冒着500多摄氏度的高温进行抢修，被子都被烤得冒了烟。可他们毫无畏惧，用38个小时完成了抢修任务。1951年2月，炼钢部平炉装入机发生故障，无法继续添加原料。看着平炉中的烈火还在燃烧，工人们十分焦急，因为大家知道，无法装料不但浪费了生产时间，而且容易烧坏炉壁，引发生产事故。"不积极就是政治上最大的错误。"王贵英立刻动员大家实行人工装料。他首先奋不顾身地冲向炉门，站在炉口的最近处把别人传递过来的原料送进平炉。火焰不断地扑向他，衣服被火星烧着了，但他仍然不停地工作着。他曾对大家说："机器就是武器，工厂就是战场。多炼一吨钢，就是增强一分国防力量。"爱国主义的口号大大地激发了工友们的工作热情。最后，他们用比装料机装料还少5分钟的时间，提前完成了装料工作。

　　1951年初，王贵英带领炼钢部工人战胜各种困难，学习了苏联专家的先进经验，在一周内连续8次创造新纪录，使太钢炼钢的平炉炼钢时间缩短到了5个小时以内，接近当时的世界先进水平，被国内外同行称为"新中国蒸蒸日上的一项标志"。

　　同年秋，王贵英被提拔为炼钢部副主任，从工人转变为钢铁厂的干部，还成为炼钢技师和工程师。支援抗美援朝运动期间，王贵英带领太钢工人们积极捐款捐物，努力生产，最终与全体太钢职工和家属共同捐献了一架"太钢号"战斗机，为抗美援朝战争的胜利作出了贡献。

1953 年，王贵英作为新中国"炼钢能手"访问了德意志民主共和国，与国外同行们交流炼钢经验；1954 年当选为第一届全国人大代表，之后连续当选第二、第三届全国人大代表；1956 年当选为太钢工会主席、党委常委；1982 年 5 月代表太钢参加全国劳模座谈会，并受到邓小平同志等党和国家领导人的亲切接见。

他说，工人是工厂的"老天爷"，他永远和职工血脉相连

1956 年，王贵英当选为太钢工会主席、党委常委。

7 月 18 日，记者见到了当年太钢工会的办公室主任胡连友。说起王贵英，这位 85 岁的老人两眼噙泪。"太钢工运史如果没有王贵英的这一笔，是一种历史的缺陷，是一种遗憾。"胡连友激动地说，"今天能对《山西工人报》的记者说出当年的故事，我觉得此生无憾了。"

"贵英经常说，工人是工厂的'老天爷'，他永远和工人血脉相连。"胡连友到现在仍然习惯叫王贵英"贵英"。他说，当年王贵英不愿意工人叫他"主席"或者"领导"，要么叫名字，要么叫"老伙计""老师傅"，他觉得这样和职工没有距离。

他给记者讲了这样几个在档案和历史记载中都没有的小故事：

那年，有职工反映太钢焦化厂用"退水"给职工洗澡，王贵英听到后非常气愤。一天上午他从办公室拿了一块毛巾和肥皂就气冲冲地跑去焦化厂职工澡堂洗澡。从澡堂出来，证明职工的反映是对的，洗澡水用的是"退水"，一股酸臭味。关键是这"退水"有毒，

用它洗澡对身体有害。"'你们是日本人还是阎锡山？怎么能这么对待工人？'贵英当时把焦化厂书记、厂长叫来，十分生气地质问道。我记忆特别深刻，这是贵英的原话。"胡连友回忆道。在王贵英的坚持下，这件事很快得到了处理。胡连友越说越激动："只要是损害职工利益的事，王贵英坚决不答应。"

在当工会主席期间，王贵英有 3 个原则：几十年上班坚决不用公车，去基层单位坚决不提前和分厂领导打招呼，坚持每天到各分厂、车间走走。胡连友说，王贵英几乎每天上班后都不在办公室坐着，自己一个人背着手，走到哪个车间，就和工人们在车间聊家常。他不愿意坐车，说"坐上车屁股一冒烟，工人们远远看见就跑了，和你有距离了，有啥贴心话也不和你说了"。王贵英把职工当成亲人，只要职工有困难，他想方设法一定要解决。

有一年农历除夕的前一天，太钢运输部有个女职工找到工会，希望工会能给予救助。胡连友了解后得知，这名女职工的爱人是太钢运输部的，因工伤死亡后母子生活特别困难。"我当时根据政策，给她批了 40 元救济款。但王贵英觉得，快过年了，家里啥年货也没有，要不是特别困难，也不会在这个时候求助到工会。就按最高救济标准，把救济款提高到了 60 元。"胡连友回忆道。

据王秀兰回忆，她小时候家里经常有一间卧室是空出来给别人住的。"我家经常会有各种不同的'亲戚'，他们来自太钢不同的分厂、车间，不同的工种。只要谁有困难，父亲就把他们领回家，先解决吃住问题，再解决他们的诉求。"

"王贵英第一次提出了班组劳动竞赛的理念，在班组之间开展劳动竞赛，把劳动竞赛的荣誉奖给一线的工人。"胡连友骄傲地说。当年，这项工作在全国得到了推广，可以说王贵英是班组竞赛的发起人。

据资料显示，1958 年，太钢工会生产委员会改为生产部，负责开展多种形式的劳动竞赛活动。王贵英结合自己的工作，组织开展各种劳动竞赛。那段时间，公司组织开展了各种先进生产（工作）者竞赛活动，开展了以加强和改进企业管理为中心的科室与科室之间的同业务竞赛，以提高质量为中心的学技术、练硬功、大比武、大表演岗位练兵竞赛活动，红旗设备、红旗站所、红旗仪表室等竞赛，创名牌、打水平、夺冠军等竞赛活动。这些竞赛活动对推动生产和完成各项指标起到了积极的推动作用。

1978年下半年，以加强和改进企业管理为中心，科室与科室间的同业务竞赛开展起来，至1983年发展到财务、劳资、调度、科技等17个系统、932个科室近4000人参加。这种竞赛业务相近、可比性强，便于总结评比、交流经验，因此取得了明显效果。

据胡连友介绍，王贵英十分注重工会劳动保护工作。在他担任工会主席期间，两项工作走在了全省前列。1981年，针对焦化厂工作环境致癌的问题，王贵英及时向省、市总工会作了汇报。全总对此很重视，中央有关领导作出批示。太钢工会会同环保处、焦化厂工会共同调查座谈，研究防治办法。1982年7月底，劳动部和焦化厂、环保处等单位工程技术人员研究提出了防治意见，提出了4个方面共23条措施；工会向企业党委进行了汇报，经过反复研究，提出具体措施，并列入1982年的生产规划。

1982年，《全国工会高频防护技术工作会议》要求组织技术协作队伍解决高频对人体危害的问题。同年6月，王贵英和工会劳保部工作人员进入高频设备厂进行调查，摸清太钢所有高频设备的情况。在前期调研的基础上，以太钢服务公司钢管厂为试点取得的经验全面推广。1982年12月25日，在太钢服务公司钢管厂召开了太原市高频防护技术现场经验交流大会。王贵英在会上介绍了太钢推广高频屏蔽的经验，印发了高频设备屏蔽防护工作简介。会上，太原市总工会、市劳动局当场测试后，太原市总工会副主席给太钢服务公司钢管厂颁发了高频设备防护合格证书。

这些措施有力地改变了当时的生产环境，保障了广大职工的生命健康权益，是工会维护职工合法权益的有力体现。

"有好多事年代久远，不能一一记起，但对王贵英的怀念永远刻在了心里。"胡连友深吸一口气说道，"王贵英退休后，太钢集团为一批老干部盖了小洋楼，只有他不搬。他说，工人在哪儿他在哪儿。太钢盖起体育场，从王贵英家去体育场要绕很大一圈路。集团提议给他架一座简易桥，他说不用，工人走哪儿他走哪儿。王贵英去世之后，我为他写了悼词，开头一句'老伙计'让当时在场的所有工人哽咽落泪。至今，老工人都深深地怀念他，一位心里只有工人没有自己的好领导。"

从团结在中国共产党旗帜下的优秀地下工作者到爱岗敬业的炼钢能手，再到人人景仰的劳动模范、令人尊敬的工会干部，王贵英用一生践行了中国共产党人的责任和使命，书写了中国工人阶级的奋斗篇章。

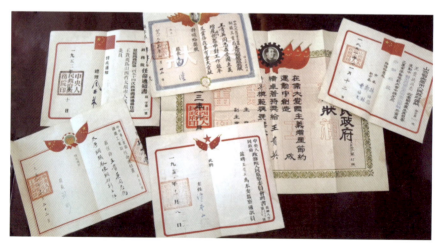

王贵英获得过的奖状　戎　兵／摄

思考

这次寻访经历让记者感触很深。王贵英身上集中体现了我国工人阶级的伟大品格和勇于创新的工匠精神。他信念坚定、立场鲜明，勇于和反动势力作斗争；他立足岗位，不断创新，不断提高工业技能，撑起工业强国的伟大梦想。我国经济发展和社会进步所取得的伟大成就，都凝结着像王贵英一样千千万万普通工人的无私奉献和创造性劳动，都铭刻着工人阶级的伟大品格和劳模精神。国家的发展、民族的振兴，都需要大力弘扬工人阶级的伟大品格和精益求精的工匠精神，凝聚起广大工人阶级的智慧和力量，为实现伟大复兴的中国梦作出工人阶级的重要贡献。

本文刊于 2022 年 7 月 27 日《山西工人报》

山西工人报
SHANXI GONGREN BAO

新闻责任
工会声音
职工精神
维权担当

山西省总工会主管主办
山西工人报社出版

山西工人网 http://www.sxgrw.com
E-mail:sxgrb@163.com
（今日四版）

国内统一连续出版物号 CN14-0003　代号 21-10　2022 年 7 月 **27** 日 星期三 农历壬寅年六月廿九 总第 10615 期

央行等部门发文支持文化和旅游行业恢复发展

山西重大工运事件重要工运人物寻访展示

王贵英：炼钢炉前走出的我省第一代全国劳模

本报首席记者 贺芳芳

铭制

不畏艰辛找恩师牵，钎出壮志炼革华

临汾市召开职工思想政治引领暨"智慧工会"应用推进工作会议

本报临汾讯（记者赵嘉）7 月 22 日，临汾市召开全市职工思想政治引领暨"智慧工会"应用推进工作会议。

朔州市为市直机关职工发放 300 万元一次性餐饮电子消费券

本报朔州讯（记者苗）为统筹一次性餐饮消费券发放工作，促进全市服务行业企业发展。

运城市总部署整治矿山企业瞒报生产安全事故行为专项行动

本报运城讯（记者袁虹雁）7 月 21 日，运城市工会系统开展整治矿山企业瞒报生产安全事故行为专项行动。

（下转第 3 版）

奋进新征程　建功新时代

·工会干部基层蹲点调研行·

"真好！来书屋看书还能用积分抽奖"

本报首席记者 阎瑞 通讯员 崔运海

国家能源集团上半年核增煤炭产能 5800 万吨

本报华社北京电（记者戴绍钰）7 月 25 日国家能源集团公布。

职工有话说

医养结合，让老年人更有获得感

李恒 董瑞丰

7 月 25 日，孩子们在太原市迎泽公园儿童活动区玩耍。

本报记者 李庆嵘 摄

山西重大工运事件重要工运人物 寻访展示

王贵英：炼钢炉前走出的我省第一代全国劳模

王贵英在炼钢炉前

（上接第1版）

1949年1月一天中午，正当西北炼钢厂职职员们准备开饭时，工人们从西面大力咆哮食堂。把食堂和厨房的火力助器隆下一声。基至连食堂旁的外面屋都是面覆在，后来，工人们又把载危险的人地罐脸食的废食，将大半黎等他全部都送上地到各个本据配来。地下忽然把罪都大量铁消炉温泉。使工人当上了又大的状况。

王贵英来到炼炉，看见工人们忍受饮饥的折磨，无情到来，一大又上，身着单衣坐在地上。一个大扩散以上，限这样下去寻得越话波调气气，大家见了上条，纷纷向王贵英呼吁。

王贵英面对工人们的辛酸状况，当为组织工会做事的条件已经成熟。便对工人们说："咱们工友，要积极团结吃饭饭，不管改做打的放钢炉里。"王贵英立即在会上宣布工会成立，也得到了各位工人的热忱拥护。

炼钢越的头工运动引起了敌人的警觉。白祥称出一名岗事长达理委事，送名黑体长为十个投诉。王日英有了主意儿才...

在1950年早初的几个月里，王贵英在生产一线不断创造奇迹。带领两班工友们自创了"双色钢法"和"快速炼钢法"，缩短了炼钢作业的时间......

[正文内容因印刷细小，以下部分略]

王贵英获得过的荣誉证状

积极参加各种活动，组织十里钢城迎来红旗大

组建"工人文工团""老大哥"，促成连珠工友熊熊篝火

历史记载中都没有的小故事

"王贵英第一次搞出了班组劳动竞赛的理念，在班组之间开展劳动竞赛......"

葛德林：捧着一颗心来　不带半根草去

吴艳

铭刻　葛德林（1929—1985），原阳泉矿务局二矿工会代主席，"全国优秀工会工作者""省模范工会干部"。从事工会工作期间，他几十年如一日，与职工心贴心，处处替职工说话，时时维护职工的合法权益。葛德林为职工办实事、解难事，是经受了考验的。纵使胃已经被切除五分之三，病痛缠身，他也忍住了；诸多的麻烦，他揽下了；无数的扯皮，他撑住了；家人和孩子，他抛下了。一切都只是因为他心中装满了职工的疾苦，唯独没有他自己，一点也没有。他对职工的知心让人动容，他对职工的热心让人回味，他用生命把"当官要为民做主"诠释得淋漓尽致。

2022年7月，记者怀着崇敬的心情，开始了对葛德林的寻访之路。

葛德林，阳泉郊区南庄村人，原阳泉矿务局二矿工会代主席。1929年，他生于热河省平泉县（今属河北省）外祖父家中。1952年，他辗转回到原籍并经人介绍到阳泉矿务局二矿当了工人，同年加入中国共产党。葛德林在井下工作16年，有从事采掘工作的实践经验，深知井下矿工的苦。1968年，他由井下采煤队书记调任二矿工会副主席，1984年担任二矿工会代主席。他当工会干部17年，凭着一副热心肠，为职工办的好事难以计数。那时，有工人说："这好比矿上夜晚的明灯，数也数不清。"

来到阳泉市总工会，宣教部部长杨元正翻开厚厚的《阳泉志》，在第 638 页，葛德林的生平简介跃然纸上。记者也由此清楚地了解到此次寻访的人物葛德林，而他的故事才刚刚开始。

记者走进葛德林曾经工作和奋斗的单位原阳泉矿务局二矿，也就是现在的山西华阳集团新能股份有限公司二矿。在这里，记者见到了曾经和葛德林一起在工会工作的原阳泉矿务局二矿工会宣传部部长宋文秀。说起葛德林，已经 74 岁的宋文秀很是怀念。用他的话说，葛德林就是兢兢业业、任劳任怨、克己奉公、淡泊名利的代名词。每每讲述起葛德林服务职工的故事和他那无私无畏的精神，宋文秀总是忍不住湿了眼眶。

来到二矿，记者发现这里还保存着葛德林生前留下的部分自传、自述和日记。

"他坚持写日记 20 多年。90 多个笔记本记录了职工们的要求和难题，记录了他为职工办事的一片热心，也记录了他工作和生活中的酸甜苦辣。"宋文秀动情地回忆道。

翻开这些笔记本……

"在解放前，我是被人看不起的穷孩子，在党的培养教育下，担任了领导干部。党是我的妈，矿是我的家，我要努力工作，不计个人得失，听从党的指挥，服从党的分配。""工会劳保工作政策性很强，我应始终坚持一条：不管办多办少，一定要坚持原则，执行政策，不闹派性，不徇私情，不谋私利，对党负责，对人民负责，对自己负责。"

"爱人 1980 年春病故，留下 6 个孩子，最小的 5 岁。自己又当爸又当妈，好多事需要处理，而有时被一些家属缠得晚上 10 点多还不能回家，心里也怪难受。但是苦恼归苦恼，工作还得干，而且要踏踏实实、任劳任怨地干好。这是一个共产党员、工会干部起码应该做到的。"

看着已泛黄的纸张，记者仿佛走进葛德林的内心世界，读起这些朴实的文字，眼角竟不由得湿润了，视线模糊起来……

这些日记记录的全是职工的要求、处理的办法和应该办的事情：大到工资、奖金、住房，小到烧煤、吃菜、过节，就连为助养的 5 名孤儿做衣服该怎样扯布，某工人心情不好该去看看，麻痹病人该用啥澡盆和供多少手纸也都桩桩有记录。没有华丽的辞藻和闪光的语言，却每一页都渗透着葛德林对职工的爱和负责的精神，能使人看出葛德林的品格和细致的工作作风，看到一个普通工会干部的足迹。

那是他牢记自己是一名共产党员，坚信为职工分忧解愁是工会干部的本分，坚守不能贪大伙之功为己有、兢兢业业搞好工作，之所以献身事业的根源所在。

他用瘦弱身体和一颗热诚的心温暖百姓心

葛德林于 1966 年 8 月被调到矿工会工作，对群众热情、诚恳。在工会，他主要负责劳动保护和劳动保险工作，因此对那些老弱病残、因公致残、因公死亡职工家属有一种特殊的感情。他始终把职工的疾苦、困难放在心里，总是想着职工，通过自己的工作让职工群众体察到党的温暖、组织的关怀。

已经 73 岁的安先光是原阳泉矿务局二矿工会副主席，和葛德林在一起工作 8 年。他回忆道，曾经一名因公死亡职工刚 9 个月大的小儿子突然高烧抽风。其家属王秀珍初来乍到，人地两生，抱着奄奄一息的孩子急得没了主意。赶来看望的葛德林一见这情景，二话没说，抱起孩子就往医院跑，幸亏抢救及时，孩子得救。两年后，王秀珍又染上急性肝炎，她犯难了，去住院吧，3个孩子谁管？不去吧，病咋治？她心急火燎，直掉眼泪。得知葛德林带着截瘫病人从北京治病归来，王秀珍一阵欣喜，可看到葛德林本来就瘦弱的身体又瘦了许多时，她没好意思开口。葛德林听说后，马上带着挂面和15公斤粮票主动找到王秀珍，笑着责备她说："没有麻烦要我们党员做什么？要工会干部做什么？"他迅速安排王秀珍住院，并派人照顾她的孩子。就这样，一路悉心帮助，这个折了顶梁柱的家庭在矿山上过上了安定的日子。

像这样的事，何止十件、百件！

"葛大爷不只有他自己的6个孩子，我们五兄妹也是他的孩子！"曾经被葛德林助养的孤儿，如今已经退休的郭志刚激动地说。

回忆起葛德林，郭志刚依旧充满感恩、感动。

那是1978年4月5日，郭志刚的父亲在冒顶事故中死亡，留下了瘫痪的母亲和他们兄妹5人。可没料到，祸不单行，刚刚过了3年半，瘫痪的妈妈也因心脏病去世了。他们5个孤儿哭成一团，身为老大的郭志刚也才16岁，最小的只有4岁多！谁来照料他们这些失去爹娘的孤儿？就是葛德林！他主动同矿领导商量，将照顾他们5个孤儿的事情揽到工会。从此，葛德林成了这5个孤儿的"父亲"。他无数次地寻找有关部门，把郭志刚五兄妹的户口由原籍迁到矿上。在他的关照下，孩子们每人添置了一套新被褥，每到换季总有新衣服可穿，幼儿园的阿姨还轮流去给他们做饭；郭志刚刚够招工的年龄，矿上就把他招为正式工，其他四弟妹在矿上免费上学。早在郭志刚的妈妈去世前，葛德林就把由工会分配的一套三室一厅的新房按"特殊情况"分给了他们。

寻访中，记者见到了葛德林的大女儿葛玉芳，多年后其再次回忆父亲，思念、敬佩、心疼……千万种情绪涌上她心头。

"记得 1983 年春节，是母亲去世后的第三个春节，我们怕父亲心里难过，七手八脚备齐了一桌饭菜，还特地买回爸爸爱喝的二锅头。可是，左等右等，日过正午还不见爸爸的踪影。原来，父亲这天一大早就去了郭志刚的家。像往年一样，他给郭志刚五兄妹每人一份压岁钱，接着动手和面、包饺子、炒肉菜，同郭志刚兄妹一起有说有笑地过起新春佳节。郭志刚兄妹乐了、甜了，我们 6 个没娘的孩子却眼巴巴地等着爸爸回家过团圆年。"葛玉芳说。

"爸爸去世后，王秀珍大婶第一个提着爸爸爱吃的荷包蛋汤送到父亲的灵前，哭成泪人的 5 个孤儿执意要为爸爸披麻戴孝，张同富大叔摇着轮椅第一个将花圈颤颤巍巍地送到父亲的遗体旁……面对堆成小山的供品和簇拥在父亲遗体旁里三层外三层的花圈，那时，我们兄妹 6 人一下子领悟到爸爸 30 多年如一日不辞劳苦工作的全部意义所在，当时我们也突然明白了长大后的人生应该怎样度过！"葛玉芳说。

"葛德林关心的又何止是伤残职工和死亡职工家属！那时候，葛德林常说：'当工会干部，要有一副热心肠。'他正是用自己的热心肠为职工办事的。"宋文秀说。

那时，葛德林看见一些退休职工的身子骨还很硬朗，于 1979 年年底支持这些退休职工办起了修旧利废厂。虽说厂房是用破砖烂瓦建的，工具是用边角废料制的，但干的是煤矿急需的配件。两年后，按照国家政策规定移交给管理科管理时，这个又小又土的厂子为国家创造的价值高达 90 万元。

葛德林发现矿上硅肺病比前 20 年更趋严重，便于 1982 年 7 月在矿八届职代会上提出提案，要求迅速采取措施。矿领导当即采纳他的提案，投资 36 万元安装防尘设备，以解决井下消尘的问题。

他见老职工赵怀玉夫妇衰老多病，且生活不能自理，便给他俩建起了"家庭病房"。矿上决定办一个养老院，又是葛德林第一个积极筹措。1985 年 1 月，孤寡老人们住进了养老院，再也不用为生前身后事担忧了。二矿的萝卜台家属区住着近千名职工，吃水困难。每逢缺水季节，人们得走很长的路，钻涵洞、过马路、跨吊桥，到小南坑担水。为此，有的职工赌气不上班，有的学生不得不误课。葛德林把这件事挂在心上，同当地几个老住户多次进行实地调查，并向领导提建议、出主意，使矿领导下了决心，终于在 1982 年春天为萝卜台送去了自来水。

据照安先光的讲述，那时二矿工会的同志说：老葛就是这样一个热心人，56 岁的人了，却有一股不平常的活力，一有空就跟大伙念叨为职工办事的新点子。二矿当时粗略统计：从 1966 年葛德林从事工会工作起，19 年间共走访职工家庭 6000 余户次，亲自处理工亡职工善后工作 135 件，接待来访群众几万人次。当时，矿上的职工说："老葛为大家办的好事就像天上的星星、地上的灯光，明晃晃、数不清！"

他的职权就是为职工说话、办事的

在葛德林的日记摘要中，记者看到一段这样的文字："一切从零开始，竭尽全力为职工说话、办事，决不为自己捞取便宜，决不干任何一件给党和工会组织脸上抹黑的事情。"

安先光说，他们的一名矿工张同富，1954 年因工砸伤鼻子，局医院做手术时造成鼻中隔穿孔，经常流鼻血；1959 年患下肢麻痹症，丧失了劳动力。看着其每月只有 30 多元的生活费，他的妻子离去了。张同富摇着轮椅，四处告状。这件事法院判决过，市、局联合调查过，一拖20余年仍未解决。

葛德林决心解决这个"老大难"。他到处奔走，查病例档案，找有关人员了解情况，用半年时间查明了事情真相，终于重新比照工伤待遇，改按退休处理。每每提到这件事，人们就想起葛德林那风尘仆仆、坚忍顽强，甚至同一些人争得面红耳赤的情景。

那时候在二矿好像形成了一种习惯：一旦发生工亡，从调查事故到料理后事，从招工顶替到迁移户口，就连职工家属的吃饭、住宿都由工会一手经办。

"我1978年到工会工作。1981年，葛德林把麻痹症病人的管理工作也揽到了工会。"安先光说。那年夏天，几十名麻痹症病人为了解决生活上的实际困难，对矿务局领导采取"统一行动"。他们拦车霸路，吵闹不休，闹得领导不能正常工作。看到这种情况，葛德林第一个站出来，把二矿的30多名麻痹症病人领走。接着，他和矿领导商量，由矿上派出专车，送6人到北京治病；把9名麻痹症病人家属的户口迁到矿上，并安排了住房；根据实际情况，解决了4名麻痹症病人的爱人享受陪侍费的问题。

让葛德林的子女印象深刻的还有一件事："1984年的夏天，矿上为职工分西红柿。有一个麻痹症病人分到一张票，不满意，便生气地把它甩给了矿领导。可这个麻痹症病人万万没料到，第二天我父亲往返好几里，把40公斤的西红柿从山上担回，送到了他家。父亲是个胃被切除五分之三的病号，当时已经累得脸色煞白、满头淌汗，且两手紧按肚子。我们得知情况后又心疼又着急。后来，每每提起这件事，这个职工总是抑制不住内心的激动，说我父亲就是他哥。"

1984年七八月间，有的单位在经济承包中借口"奖勤罚懒"违背国家劳保条例，对职工病伤假工资实行"上下浮动"，个别队还自订"土政策"，乱罚乱扣工资、奖金；有的老职工患了病，家里没钱买口粮，职工意见大，生产受到影响。事情反映到工会，葛德林立刻带着工会的同志下区队，召开了几次新老职工和干部座谈会，了解情况、听取意见，并根据调查所得，有理有据地向矿党委提交了《关于职工病伤待遇问题的调查报告》和《关于全部恢复职工病假工资的报告》。

葛德林爱揽麻烦出了名，矿上的残疾人、死亡职工家属、吃劳保的病人都把工会当成了"家"，大事小事都愿找他。当时有人算过一笔账：矿上有2000多人，往少了说，每天100人中有1人找老葛，就是20多人。可找老葛的人远远不止这个数。更何况，他一有空还要到职工家走访。当时矿工会的一名同志说："咱老葛，办公室里有人找，回家路上有人拦，回到家里有人等，哪有上班下班之分呢！"

他忍受了数不清的委屈，但他觉得值

葛德林的三女儿葛玉琴也曾经是一名工会干部，曾担任阳泉市总工会常委、女职工部部长。她回忆起父亲的故事心疼地说："父亲出身贫苦，9岁就替人看羊放牛，有一个4岁的妹妹在旧社会死于饥饿。父亲坚信没有共产党就没有他，所以在他的信念里，只要是对国家和人民有利的事，就是再大的牺牲都无怨无悔。"

说起这个事，宋文秀依然记忆深刻。当时矿上的人都知道，葛德林为了安抚一个工亡的职工家属险些送了命。那是1972年隆冬，矿工苗厚贵因公牺牲了，其妻子和哥哥到矿上料理后事。由于在太平房整理遗体时挪动了停车位置，家属哭错了亲人。家属一怒之下，竟然扑上去打了葛德林和在场的同志。家属撇下遗体，当天就返回了临县。事情变得棘手，葛德林只好带着另外两名工会干部护送灵车到了临县。可谁知道，尸体拉到村里后，大队不让进村，家属也拒绝受理，车被挡在村口。葛德林一行白天进村做家属的工作，晚上顶着寒风为死者放哨。当时正值数九寒天，吕梁的天气滴水成冰，加上当地顿顿都是高粱榆皮面、辣椒加咸盐，就这样，葛德林的胃病一下就加重了。即使这样，他依然坚持天天上门工作，一干就半个多月，终于感动了家属，安葬了遗体。回到矿上不久，葛德林就出现胃出血的症状，继而引发胃穿孔，接连做了两次手术，一连46天粒米未进，最后在太原又做了3次手术，才保住一条命。

"爸爸，你再也不要去管死人的事情了！"这是葛德林的孩子们的愿望。

"我们的母亲也多次请求父亲，能否找领导换个工作。"葛玉芳说。

其实，自从父亲干上工会工作，他从未改变过初心。

葛德林的大女儿葛玉芳回忆，自打父亲负责劳保工作，家里就常常受到莫名的侵扰：有的死者家属找上门，又吵又闹；有的死者家属把吃奶的孩子往老葛怀里一扔，扬长而去；有的死者家属在葛德林家里折腾之后，还缠着不走……

往事历历在目，葛玉芳说："父亲刚调到工会，就碰上一场特大洪灾。大雨中，他东奔西跑，招呼工友。家中，洪水没膝，那时候母亲分娩后才9天。忽然，一个女人跑到家里惊叫：'快，我男人被洪水冲走了！'父亲二话没说，撂下全家，扛了根竹竿，背了个挎包，便同另一名同志沿着桃河向下游去寻找死者的尸体了。几个昼夜的奔波，回来时父亲已累得不成样子。"不知情的那名死亡职工的妻子把气全撒在葛德林的身上，而知情的葛德林的妻子、儿女却是满腹委屈。

有一天，葛德林下班回来，一推门，简直惊呆了：地上，桌椅板凳断腿散架，锅碗瓢勺破碎不堪，就连他精打细算刚刚买下的马蹄表也被摔坏了；爱人坐在床边哭泣，孩子们吓得不知所措。看着家里狼藉一片，葛德林默默地收拾着。

原来，这是一名工亡职工的家属来闹事造成的。

1984 年，一名职工因公死亡。按照政策规定，死者子女可有一人顶替招工。可他的妻子到了矿上后，非要解决一子一女，要求得不到满足就寻死觅活、拒绝吃饭、见人就打。当然葛德林也未能幸免。见她不吃饭，葛德林就把大女儿刚刚送来的北京糕点和橘子汁给她送去，遭到的却是一通不堪入耳的辱骂。一天中午，死者家属竟冲进老葛家里，拉开床上的被褥乱滚，葛德林让孩子端的茶水也被摔得粉碎。但是，葛德林依然耐心地开导她，还给她讲党的政策；看到死者的妻子身体虚弱时，又请来医生给她输液，并做了可口的荷包鸡蛋挂面汤。直至深夜一时多，闹事的人终于惭愧地离开了。

当时很多人问葛德林："当工会干部，就该受这般屈辱吗？"葛德林耐心地解释："要说苦，谁能比死了亲人更痛苦？人家闹，说明咱们的工作还没做好。俗话说，心诚则灵嘛。咱搞工会工作的都要有张'大肚房皮'。忍受一些屈辱，带来的却是群众对党的信赖啊！"

回想起这些事，葛德林的同事、子女们都心疼地说："他为啥受了那么多的委屈？因为他有信念、有原则。他面对无理纠缠，气可以受、打可以挨，好话可以说、东西可以贴，但办起事来，国家的政策一点也不能走样。"

他心里装满职工，唯独没有自己，一点也没有

1973 年，葛德林得了一场大病，46 天连做了 3 次手术，给家庭生活带来困难，本来就紧巴巴的生活，又欠了 800 元的外债。

葛玉芳说，当时母亲李秀英为了挣钱还债，拖着病弱的身体下河滩砸石子。宽阔、荒凉的桃河滩没遮没掩，连一棵小树都难找。夏天烈日当空，把人晒得头晕眼花；冬天北风呼啸，一双手裂开一道道血口。母亲也想换一个稍微轻松的活干，但是她清楚父亲的为人，替职工办事什么都舍得，为自己的事却怎么也不肯去找组织，怕给组织添麻烦。所以，母亲年复一年忍着干，整整砸了7年石子。1980年的春天，母亲身体里的毒瘤已长得很大，还一手托着肚子咬牙硬挺着干。那年秋天，母亲终因劳累过度一病不起，去世时才49岁。这件事对葛玉芳兄妹而言是一个痛苦的回忆。

其实，当时矿工会考虑到葛德林的身体和家庭情况，决定补助他100元。表都填好了，领导也批了并通知了他，可他始终没有领。1984年，葛德林被评为阳泉市劳模标兵，阳泉市政府决定为他晋升一级工资。按他的情况，当时全年可纯增96元。葛德林却说："我有多大贡献？还是把这笔钱用来培养下一代吧。"他凑足100元，在儿童节那天捐给了矿托幼园。1985年2月，矿务局党委给葛德林记个人一等功，奖励100元。他又分文未取，全部交了党费。

是葛德林有钱吗？他妻子去世后，家里欠下外债，还有6个孩子，一家人节衣缩食度日月。菜，葛德林拣最便宜的买；饭，葛德林拣最简单的吃，有时水泡大米，调点酱油也算是一顿饭。妻子去世后，他平时总爱喝一盅酒，可下酒的常常是咸菜、腌辣椒。

如今，一些人办事常讲究"礼尚往来"，可葛德林帮助的多是一些比自己更困难的职工。他压根儿就不想赢得别人给自己的"好处"，还给自己定了一条规矩：决不收礼。

1980年的一天，一名死亡职工的家属小梁背着一袋小米，提着一瓶食油从盂县找上门来，恳求葛德林帮他说几句话，接早已去世的父亲的班。老葛一见袋子、瓶子，心中就明白了他的来意。谈完事情以后，葛德林严肃地对小梁说："你拿走你的东西，我就联系给你办事；你若留下东西，那就甭想让我办事，即使能办也不给你办。"小梁听了又惭愧又感动，就把东西拿走了。经过葛德林的努力，小梁在一次招工中终于遂了心愿。拒礼，有时也不容易。一些直率的职工把礼品扔下就跑了。遇到这种情况，葛德林就托同事把东西送还本人，不方便送还的，便按略高于市场的价格把东西折成钱寄还本人。

父亲对自己子女的要求近乎苛刻。葛玉芳说，自己当年插队劳动，别的知青都陆续回来了，自己却回来得很晚，还进了一个经常开不出工资的大集体；葛玉芳的妹妹想找工作，父亲手头每年都有一些招工指标，却只会让给别人。葛玉芳最小的弟弟葛玉红要报考矿务局技工学校，考试成绩远远超出录取分数线，体检时，因为过度紧张，视力测试不理想，结果落选了。我们当姐姐的肯定要为弟弟鸣不平，请求父亲给矿职工教育办公室的人说一下，让弟弟重新复查一次。其实，这样的要求也不为过，但父亲就是不肯，还把我们几个批评了一顿。老二不放心，就请假陪弟弟去体检，果真成绩很好，视力也完全合格，终于被正式录取。

按说，只要父亲说句话，谁会不照顾他？可父亲就是不张这个口。他对我们说："你们还是自己奋斗吧，自己奋斗有出息。"

当然，葛德林也有自己的苦恼。自从妻子病故后，他又当爹又当娘，自己工作忙，孩子们也跟着吃苦。有一天晚上，葛德林已经躺下了，11岁的小女儿还独自在灯下补衣服。看到这个情况，他流泪了。孩子们跟着自己饭吃不好、衣穿不上，他怎能不伤心？但伤心归伤心，天一亮，他又为职工们去奔忙了。

"父亲3次大手术后的阵痛经常发作，可他工作起来就是没日没夜，就是在玩命干。我们每次劝说他要注意身体的时候，他总是哈哈一笑说,他的生命是党给的,为党工作、为群众办事,其乐无穷。"葛玉琴说。

虽然当时几个孩子对父亲没日没夜地干抱怨过,也对父亲顾不上自己和兄妹几人每天磨牙费舌、跑断腿的工作发过不少牢骚,但几个孩子早就明白和理解了父亲,至今回忆起父亲,都满是心疼与不舍。

谁都没有想到,葛德林生命的尽头就这样悄然而至。1985 年 11 月 13 日 8 时,葛德林和矿工会另一名同志到西四尺井召开民主管理座谈会,经过周密安排,计划抓住正反两个典型,推动这项工作,会议一直开到 12 时 30 分。下午 2 时,葛德林和矿工会劳保部的同志研究了群管网的年终评比和总结。下午 5 时,他又和工会另外两名同志研究了全矿的民主管理问题,并积极赞同成立民主管理研讨会的建议,一直研究到 19 时 30 分。晚上,他和自己的老搭档冯时习一起聊天,谈到退休后怎样继续为职工办好事。半夜,他赶到局医院探望了一名因公负伤的职工,并和医生研究了治疗方案,直到第二天凌晨 3 时才回到家。

14 日 8 时,他和矿工会劳保部的一名同志下了西副立井,那里夏天淋头水特别大,既影响职工健康又不安全。为此,他向矿上交了解决问题的提案。这次下井就是为进一步寻找解决办法,上井时已是 12 时 30 分。下午 2 时,老葛又爬上南山,去医院探视病号。回来已是时近黄昏。老葛还要爬上矸山去查看矸石燃烧污染的情况,相随的两名同志看他已十分疲倦,硬是劝住了。晚上 11 时,老葛突然肚子痛,且大汗淋漓。"我们听到父亲的呻吟,就赶紧叫人帮忙把他送到医院,经诊断是胆结石。哪知就在手术还没缝合刀口时,父亲不幸去世了。时间定格在 1985 年 11 月 15 日 6 时 37 分。"

"父亲突然去世,让我们几个儿女悲痛欲绝。那时还有未成年的弟弟妹妹，他们多需要父亲的照顾啊！尽管父亲没有留下一句'临终之言'，但他平日的举动让我们耳濡目染。他用言传身教让我们悟出了人生的真谛。"葛德林的子女们回忆说。

葛德林去世后，人们都在泪眼蒙眬中怀念他。

山西省总工会在 1985 年 12 月 13 日作出《关于开展学习葛德林做"职工之友"活动的决定》，省总工会号召，各级工会干部和工会积极分子要以葛德林同志为镜子，从思想上、工作上、作风上认真对照检查自己，找出差距，脚踏实地地向葛德林同志学习，使自己成为胸怀全局、奋发有为的实干家，成为群众拥护和爱戴的"职工之友"，把各级工会组织建设成为名副其实的"职工之家"。

葛德林永远留在56岁的年纪，一个大家眼中身体清瘦、须发斑白，精神矍铄、风尘仆仆、目光深邃睿智，紧闭的嘴角显出谦恭的微笑的工会干部的形象。他没有讲过什么闪光的话语，却像一块乌黑发亮的煤炭，投身服务职工群众的熔炉，发出耀眼的光芒；他没有惊天动地的壮举，但作为一个真正的"职工之友"，在人们心中树起一座不可磨灭的丰碑！

"作为一名新时代的工会干部，要学习和传承葛德林无私奉献、艰苦奋斗的精神，像他一样为党的事业奋斗、为工会事业奋斗。把职工当作亲人，为职工办实事解难事，我们也将肩负起新的历史使命，不断畅通沟通渠道，维护职工的合法权益，丰富职工的文化生活，促进企业文化建设，团结带领职工为山西省全方位推动高质量发展作出贡献。"现任山西华阳集团新能股份有限公司二矿工会主席赵利军说。

思考

记者在寻访中，从后辈满含泪水的动情回忆里，深刻感受到葛德林的一生是给予的一生、奉献的一生，付出了很多很多，无私无畏。他一世清苦、两袖清风，毫不利己、专门利人，是一个全心全意为人民服务的优秀共产党员，一名为职工服务的优秀工会干部。他的一生平凡而伟大，他用坚定的信仰成就了自己光辉的一生，为我们树立了一个学习的榜样。他的精神永远不会逝去，值得每一名工会干部去传承和发扬。今天，新时代赋予工会工作新的使命，但葛德林体现出的一名工会干部必须具备的优秀品质亘古不变。

本文刊于 2022 年 8 月 9 日《山西工人报》

山西工人报
SHANXI GONGREN BAO

新闻责任 工会声音 职工情怀 维权担当

山西省总工会主管主办
山西工人报社出版

山西工人网 http://www.sxgrw.com
E-mail:sxgrb@163.com 〔今日四版〕

国内统一连续出版物号 CN14-0003 代号 21-10 2022年8月9日 星期二 农历壬寅年七月十二 总第10628期 **9**

山西重大工运事件重要工运人物寻访展示

葛德林：捧着一颗心来 不带半根草去

本报首席记者 吴艳

运城市总慰问各行业和产业一线职工

本报讯（记者康馨蕊）近日，运城市总工会深入该市重大工程项目、重点企业、清零商圈、疫情防控站点，公共服务窗口生产经营一线，开展"防疫情、稳经济、促发展"慰问各行业和产业一线职工活动，为他们送去温暖和关怀。

长治市总开展"送清凉"慰问活动

本报讯（记者张建英）连日来，长治市总工会开展关爱职工、清凉一夏"送清凉"慰问活动，为一线职工送去购物卡、共为他们送上"清凉大礼包"。

省城第八届全民健身节启动仪式暨"全民健身日"省城主会场活动启动

本报讯（记者谢昌民）8月7日，2022年省城第八届全民健身节启动仪式暨"全民健身日"省城主会场活动在全中华北广场的首场大型群众性体育文化活动。

全国职业院校技能大赛高职组一赛项在运城开赛

本报讯（记者王而川）由山西水利职业技术学院承办的2022年全国职业院校技能大赛高职组有制造类现代电气控制系统安装与调试赛项将于8月11日至14日在运城举行。

山西北方兴安公司激励广大职工积极投身自主创新实践
一线"金点子"集聚发展原动力

本报讯（记者郝清）"去年，我提出的合理化建议被评为特等奖，获得了3000元奖励。今年，我又提出两个合理化建议。"近日，在山西北方兴安公司山西北方机电有限责任公司一所技术员乔慧霞向记者说。这是该公司通过让群众成员参与合理化建议的一个缩影。

秋实

本报首席记者 司海英

山西重大工运事件重要工运人物 寻访展示

葛德林：捧着一颗心来 不带半根草去

[上接第1版]

葛德林（右）颁发总工会律师模范工会干部

葛德林（左）和美孚球集团工会班子在一起

葛德林（左）看望职工残家属

本报地址：太原市新民中街8号 电话：0351/3526288 邮编：030001 广告经营许可证：1400004000063 广告电话：0351/3526283 定价：全年288元 零售每期0.85元 印刷：山西工人报文化传媒有限公司印业中心（太原市敦化南路180号）

图书在版编目（CIP）数据

山西工运百年印记. 社会主义革命和建设时期 / 山西省总工会编著. —太原：山西人民出版社，2023.8
ISBN 978-7-203-12992-9

Ⅰ. ①山…　Ⅱ. ①山…　Ⅲ. ①工人运动—历史—山西—现代　Ⅳ. ①K261.325

中国国家版本馆CIP数据核字（2023）第149424号

山西工运百年印记. 社会主义革命和建设时期

编　　著：山西省总工会
责任编辑：高　雷
复　　审：郭向南
终　　审：武　静

出 版 者：山西出版传媒集团·山西人民出版社
地　　址：太原市建设南路21号
邮　　编：030012
发行营销：0351-4922220　4955996　4956039　4922127（传真）
天猫官网：https://sxrmcbs.tmall.com　电话：0351-4922159
E - m a i l：sxskcb@163.com　发行部
　　　　　　sxskcb@126.com　总编室
网　　址：www.sxskcb.com

经 销 者：山西出版传媒集团·山西人民出版社
承 印 厂：山西基因包装印刷科技股份有限公司

开　　本：720mm×1020mm　1/16
印　　张：10.75
字　　数：175千字
版　　次：2024年7月　第1版
印　　次：2024年7月　第1次印刷
书　　号：ISBN 978-7-203-12992-9
定　　价：28.00元